UniversitaS

FLORENCIA GIGENA

Autismo y Música

Colección *Investigación*

Psicología
Enfoque clínico-social.

UNIVERSITAS. EDITORIAL CIENTÍFICA UNIVERSITARIA

Diseño de Tapa: Jorge G. Sarmiento
Diseño Interior: Jorge G. Sarmiento
Producción Gráfica: Editorial Universitas
Autor: Florencia Gigena
Tirada: 1000 Ejemplares.

Gígena, Florencia
    Autismo y música.–3° ed.–Córdoba: Universitas Editorial Científica
Universitaria,
    160 p. ; 20x14 cm.
    ISBN 978-987-572-331-3
    1. Psicología. I. Título
    CDD 150

Colección *Investigación* – Psicología

Autismo y Música.

Hecho el depósito que marca la ley 11.723.
Impreso en Argentina - Printed in Argentine

Agradecimientos

A José por mostrarme una nueva forma de comunicación

Yo canto para alcanzarte
atravesando todo el azul
Yo canto para mostrarte que sangro
igual
que vos
y está oscuro en esta cárcel
que soy desde que tengo memoria
y está ciega mi mirada
sin tu luz.

Yo canto para abrazarte
porque entenderte ya no me basta
Yo canto para librarme
de las cadenas negras de ideas
y palabras
que trazan una línea en el agua
dividiendo lo indivisible:
Vos y Yo.

Yo canto para escucharte
porque tu voz es la melodía
Yo canto para nombrarte
en incontables nombres y rostros
y señales,
la gota de agua, el pan, los trigales,
reflejando cada espiga por el sol.

Serú Giran

Indice

Prólogo

Este libro, producto de un trabajo final para la licenciatura en Psicología de la UNC, cuyo tema es: "Música y Autismo Infantil", ha sido elaborado por la Lic. Florencia Gigena, con el fin de especificar cómo se efectúa el abordaje de niños autistas por medio de la música. Luego, el objetivo es determinar qué posibilidades concretas hay de utilizar la música como herramienta terapéutica en el autismo. Ella se pregunta: ¿Es Musicoterapia lo que están realizando?.

Ustedes, los lectores, van a ir encontrando las respuestas a lo largo de este agradable libro.

Los que trabajamos con personas autistas, sabemos y sentimos que con que sólo unos segundos sus miradas se posen en nuestros ojos, ya estamos interviniendo, ya pasamos a ser parte de su enigmático mundo.

Con el silencio, con una caricia, con la música de por medio, con un susurro, con una carcajada y con tantas otras cosas más nos podemos conectar.

Comunicación es ida y vuelta de mensajes; es estímulo y respuesta que, a su vez, el niño con autismo nos estimula y nosotros respondemos.

Hacer todo este trabajo con la música de por medio, como canal comunicativo, ¡es grandioso!. Sobre todo porque ella es una forma de expresión, consigue efectos terapéuticos positivos, es valiosa para estimular la adquisición de aprendizajes, es diálogo, es intercambio, es un encuentro de dos o de muchos, es placer.

El sonido de un instrumento, una melodía de fondo o la musicalidad de nuestra propia voz pueden llegar a ser la recompensa más motivante, para que la persona con autismo se aliente y siga produciendo aprendizajes.

En fin, este estudio descriptivo, donde las variables que se entrecruzan son "autismo" y "Musicoterapia", es el comienzo de un largo recorrido que la autora del mismo escogió para sí.

Desde mí, Florencia, los mejores deseos en esta tan bella especialidad. Tenés eso que no se aprende, tenés ángel.

Lic. Ana Morandi de Mercau

Introducción

La música se ha desarrollado a lo largo del tiempo, desde sus orígenes, en épocas remotas, hasta hoy, en una evolución constante que no permaneció ajena al progreso que se manifestó en el arte en general, y que encuentra sus manifestaciones específicas en las características singulares de la cultura de cada sociedad.

Las sociedades primitivas utilizaban la música para invocar a los dioses que los protegerían de los fenómenos climáticos que los asustaban (tormentas eléctricas, por ejemplo), y también como expresión en sus ritos cotidianos.

Podemos apreciar que la música, cumplía entonces, con una función protectora, mágica y ritual.

En los inicios de la historia del hombre, existió la música vocal, pero también se creó la música instrumental. Así, desde épocas remotas, las personas han podido expresarse a través de la música, ya sea de manera instrumental o vocal, o bien combinando ambas formas.

La música es, por excelencia, uno de los recursos expresivos más utilizados por las distintas culturas y pueblos para dar vía libre a los sentimientos, las emociones y auspicia un contacto especial entre los seres humanos, sin necesidad de utilizar el lenguaje oral.

Ocurre un fenómeno muy especial: *"Donde mueren las palabras, comienza la música"*.

Pienso en la necesidad de utilizar la música como elemento de trabajo en el abordaje de personas con autismo, buscando la creación de un espacio común, un canal para impulsar la comunicación y fortalecer las relaciones sociales, cuando éstas se ven dificultadas ante la presencia de sujetos con necesidades especiales. Es por ello, que uno de los objetivos reside en producir efectos en las personas, lograr que sean partícipes de un mayor bienestar, creando nuevos lazos humanos por medio de la actividad musical. La música debe servir para crear un espacio clínico, donde los pacientes puedan poner en juego un decir y un hacer que esté vinculado con su persona.

Se llevará a cabo un estudio descriptivo para conocer cómo y de qué manera es posible utilizar a la música en el tratamiento del Autismo, en la ciudad de Córdoba.

Fundamentación

Decidí realizar esta relación entre autismo y música, a partir de una experiencia donde trabajé como acompañante terapéutico de un niño que presentaba rasgos autistas. De una manera casi casual, comencé a relacionarme con él por medio de la música, con canciones infantiles que yo cantaba y él prestaba mucha atención, mostrando signos evidentes de placer y agrado en esos momentos. Poco a poco, fue creciendo nuestro vínculo, y además de las canciones, yo le facilitaba instrumentos musicales que él con mucho gusto solía tocar (una pandereta y un xilofón).

Así pude apreciar que en el Autismo, donde es la comunicación verbal la que está dificultada o directamente impedida, la música viene a surgir como un puente que une y da lugar a la expresión de emociones que tal vez no pueden ser canalizadas de otro modo.

Este puente, brinda todas las posibilidades de llevar a cabo una comunicación diferente (no-verbal), pero no por ello, menos legítima o espontánea que la habitual a la cual estamos acostumbrados la mayoría de las personas.

Intento establecer una relación dialéctica entre la psicología y la música. Percibo a ambas (Psicología y Música) como dos sistemas integrados, interrelacionados, trabajando entre sí, formando parte de una estructura dinámica. Aquí reside la cualidad dialéctica, ya que propongo una situación donde música y psicología co-existan simultáneamente, se modifiquen recíprocamente en un proceso de continuos ajustes y auto-regulación.

Considero que para realizar esta integración se hace imprescindible reconocer la presencia y existencia de la diversidad en cuanto a las personas, diversidad que alude a la variación de realidades, historias y diferencias evolutivas que marcan huellas en todos los sujetos, donde la mirada psicológica ante lo "especial" no conlleva la estigmatización diagnóstica, sino obligatoriamente, hacia la aceptación de la diferencia, pero no desde una actitud impregnada de resignación sino mediante la legitimación de la diversidad, de la diferencia. La idea que subyace aquí, hace referencia a que todos somos "especiales" y absolutamente todos tenemos algo "especial" (también) que ofrecer y brindar a los demás.

Surge así, la necesidad de reconocer la singularidad del otro, es decir que la música se representará de distintas maneras para cada sujeto, cada uno se relacionará con la música desde su condición de ser único y particular.

El desafío consistirá en buscar aquello que nos distingue ante los demás, y servirnos de ello para tejer vínculos, lazos, donde nuestras diferencias sean motivo de reunión y conexión y no de segregación o discriminación.

De esta manera, la música podría ser ejecutada desde una perspectiva clínica, donde ella no es el fin por sí misma, a la manera de un entretenimiento o pasatiempo, sino que forme parte de un dispositivo donde se produzcan efectos de bienestar en las personas, donde se conforme como una vía de expresión y de creatividad. Será en ese dispositivo, donde confluyan la teoría y la práctica.

Conceptos Clave

- **Comunicación:** Transmisión de señales mediante un código común al emisor y el receptor.

- **Instrumento musical:** Conjunto de piezas dispuestas de modo que sirva para producir sonidos musicales.

- **Música:** Es el arte de combinar los sonidos de la voz humana o de los instrumentos, y de unos y otros a la vez, de suerte que produzcan deleite, conmoviendo la sensibilidad, ya sea alegre, ya tristemente.

- **Musicoterapia:** es una terapia alternativa no verbal, y preverbal, que permite trabajar precisamente con pacientes que no tienen posibilidades de expresarse de otra manera. Apunta a la formación de primeros y nuevos canales de comunicación. El musicoterapeuta utilizará al sonido y a la música para abrir nuevos canales de comunicación hacia los niveles más regresivos del paciente creando posibilidades hacia el mundo externo y rompiendo barreras hacia el mundo interno.

- **Ritmo:** Orden acompasado en la sucesión o acaecimiento de las cosas. Proporción guardada entre el tiempo de un movimiento y el de otro diferente.

- **Sonido:** sensación auditiva originada por una onda acústica.

- **Trastorno Autista:** Las características esenciales del trastorno autista son la presencia de un desarrollo marcadamente anormal o deficiente de la interacción y comunicación sociales y un repertorio sumamente restringido de actividades e intereses. Las manifestaciones del trastorno varían mucho en función del nivel de desarrollo y de la edad cronológica del sujeto. A veces el trastorno autista es denominado autismo infantil temprano, autismo infantil o autismo de Kanner.

1

Musicoterapia

Historia de la Música

El estudio de la música comprende varias ramas y cada una de ellas abarca un aspecto particular de la misma, en forma sistemática.

Estas disciplinas son: La Musicografía, de enfoque descriptivo; la Musicología, que es investigadora y explicativa; la Etnomusicología, a partir de experiencias etnográficas, estudia la música en pueblos alejados de nuestra civilización.

Se atribuye a la música una poligénesis, debido a la existencia de agrupaciones sociales concretas que iniciaron este arte en lugares remotos, muy alejados unos de otros.

La formación y desarrollo tonales aparecieron en las culturas agrícolas primitivas, más adelante surgen las escalas pentatónicas, formadas por 5 sonidos. La polifonía nace cuando se cantan al mismo tiempo dos versiones o estrofas distintas de una misma composición.

Al principio, cada tipo melódico estaba asociado a una determinada temática mágica o literaria, pero con el tiempo se fue perdiendo el lazo entre la melodía y el contenido ideológico y esas secuencias melódicas quedaron reducidas a meras fórmulas, que podían ser empleadas en textos literarios diferentes.

Encontramos varias hipótesis acerca de cómo ocurrió la evolución de la música.

Para el investigador Grassi-Landi, las etapas del progreso artístico fueron: la palabra, el arte de la oratoria, la poesía, el canto acompañado por movimientos corporales e instrumentos sonoros y uso de instrumentos percutidos o teñidos, con exclusión de asociaciones vocales. La música estaría subordinada al lenguaje del cual deriva.

Hay otra hipótesis sobre el desarrollo del arte musical: en los ritos mágicos se originaría la música. Los pueblos primitivos utilizaron el canto mágico, para relacionarse con las fuerzas y seres misteriosos. Una melodía asociada a ciertas palabras ininteligibles para los no-iniciados. Caracteriza a estos cantos la repetición constante de ciertas fórmulas y la carencia total de preocupaciones estéticas.

Los instrumentos con los que acompañaban, tenían una función propia y variaban según la finalidad.

Las fuentes arqueológicas brindan sus aportes; las pinturas rupestres de Europa y África, las esculturas babilónicas, indias, javanesas, los hallazgos de las excavaciones en Antiguo Egipto y la Mesopotamia.

Originariamente existía una música corporal donde intervenían zapateos, golpes, palmadas con un predominio de la escala pentatónica (de 5 sonidos), a veces con ciertos semitonos

La Musicoterapia

Si nos remontamos en el tiempo, encontramos una de las primeras definiciones de esta disciplina; Rolando Benenzon, médico, psiquiatra, músico, fue presidente y fundador de la Asociación Argentina de Musicoterapia, y profesor en la Universidad del Salvador, sostiene que:

> "Musicoterapia es la especialización científica que se ocupa del estudio e investigación del complejo sonido-ser humano, sea el sonido musical o no, tendiente a buscar los métodos diagnósticos y los efectos terapéuticos de los mismos" (Benenzon, 1971).

En el año 1993, plantea la necesidad de establecer un marco teórico de la Musicoterapia:

> "¿Qué vamos a hacer con la musicoterapia? ¿Cómo va a intervenir en esto? El marco teórico que nosotros estamos tratando de establecer es que la musicoterapia es una terapia alternativa no verbal, fundamentalmente no verbal y preverbal, que permite trabajar precisamente con pacientes que no tienen posibilidades de expresarse de otra manera. En este contexto incorporamos a la musicoterapia una técnica fundamental de acercamiento. Además, como dije al principio, nos coloca en el desarrollo evolutivo más primitivo, es decir, en una situación más regresiva que en la que se hallan precisamente esos pacientes" (Pág.27)

Si tomamos a la Musicoterapia como a una terapia no-verbal, es imprescindible mencionar y especificar a qué nos referimos cuando hablamos de comunicación.

Entendemos por comunicación, a toda transmisión de información que se lleve a cabo mediante la emisión, la conducción y la recepción de un mensaje. El modo plenario de comunicación entre los hombres es el lenguaje, y por lo tanto es un hecho social.

Sin embargo, el lenguaje verbal, no es el único modo de comunicación. Existe también la comunicación no-verbal, ¿Cuándo y cómo surge?

Para la autora Davis (1973), este fenómeno ya ocurre en el útero, cuando el feto siente contra su cuerpo el calor del líquido amniótico, y éste opera cual transmisor de los sonidos del exterior haciéndole sentir los movimientos internos del cuerpo de su madre.

> "El hombre no nace hablando. Sus primeras experiencias con el mundo que lo rodea y sus primeras comunicaciones con él son necesariamente no-verbales. Aprende a mirar y a tocar por la manera en que lo sostienen, esto constituye sus primeras y más importantes lecciones de la vida. Estas lecciones comienzan aún antes de nacer, mientras el bebé todavía habita el útero materno." (pág. 179)

Esta autora establece una inter-relación entre el sistema de comunicación no-verbal y el verbal, se encuentran muy ligados entre sí:

> "es más que un simple sistema de señales emocionales y que en realidad no pueden separarse de la comunicación verbal. Ambos sistemas están estrechamente vinculados entre sí, ya que cuando dos seres humanos se encuentran cara a cara se comunican simultáneamente en varios niveles, consciente o inconscientemente, y emplean para ello todos los sentidos: la vista, el oído, el tacto, el olfato. Luego integran toda estas sensaciones mediante un sistema de codificación, que algunas veces llamamos 'el sexto sentido', la intuición."(Pág 15)

Podemos ubicar al lenguaje musical dentro de la comunicación no-verbal también llamada "no-lingüística". Presenta aspectos específicos que lo distinguen de los demás sistemas de comunicación:

> "se caracteriza por que el receptor, conserva una gran libertad en relación al emisor, en cuanto a la decodificación del men-

saje, es decir, la comunicación *es* la comunicación misma. Lo emitido *es* la recepción y nada más" (Aranguren, 1986, p. 74)

Para Bettelheim, en un niño recién nacido, la relación y comunicación se originan en los balbuceos y llantos, y en la consecuente respuesta positiva, acción o ruido que lo tranquiliza proveniente de la madre. La comunicación se realiza por vía propioceptiva y mediante intercambios sonoros.

> "La palabra de la madre, la entonación, tal cual un "espejo sonoro", que le propone al niño para que sepa quién es él y pueda construir su personalidad. "El uno se forma como una envoltura sonora en la experiencia del baño de sonido concomitante (Anzieu). La voz de su madre, sus canciones y la música que hace escuchar ponen a disposición del niño un primer "espejo sonoro", del cual se vale primero por medio de sus gritos, que la voz de la madre sosiega como respuesta, después por medio de su balbuceo y, por último, por sus juegos de articulación de los fonemas" (Masson, 1987)

La música, produce diversos efectos psico-fisiológicos en los seres humanos. El Musicoterapeuta R. Benenzon, nos enumera algunos de esos cambios en el organismo:

> "Puede provocar cambios en el metabolismo.
> Según el ritmo, incrementa o disminuye la energía muscular
> Acelera la respiración o altera su regularidad
> Produce efectos marcados pero variables en el pulso, la presión sanguínea y la función endocrina.
> Disminuye el impacto de los estímulos sensoriales de distintos modos.
> Tiende a reducir o demorar la fatiga y consecuentemente incrementa el endurecimiento muscular" (Benenzon, 1971)

Como ya lo mencionamos con anterioridad, Rolando Benenzon fue uno de los principales impulsores del desarrollo de la musicoterapia en nuestro país. Los objetivos fundamentales de esta disciplina consisten en la formación de primeros y nuevos canales de comunicación. Este autor nos aclara en qué consiste el rol que desempeña el Musicoterapeuta:

"La persona a la que hacemos referencia trabaja con sonidos propios y específicos, que utiliza instintivamente y que le permiten conectarse con el enfermo. El timbre de su voz, el susurro, sus movimientos, abren un cauce en la relación con el paciente. Este es uno de los puntos cruciales donde se separan la musicoterapia y la educación" (Benenzon, 1971).

También explica cómo ocurre este fenómeno:

"comienza en el estado regresivo de comunicación hasta el momento en que el individuo logra el suficiente número de canales de comunicación como para emprender un proceso educativo. De esta forma, busca recuperar al individuo para la sociedad, rehabilitarlo y enfrentarlo por medio de la formación de nuevos y definidos canales de comunicación. (Benenzon, 1971)

Desde antes de nacer, cuando el embrión se encuentra en el útero materno, ya percibe sonidos. El principal sonido percibido es el del latido cardíaco de su madre, pero también algunos ruidos intestinales, sonidos respiratorios, el crujir de paredes uterinas y algunos sonidos del medio exterior que por su intensidad llegan al feto, a través del líquido amniótico que es mejor conductor del sonido que el aire.

La música brinda al niño amparo y protección. ¿De qué manera lo logra? Acerca de este hecho, Benenzon (1971) plantea que:

"la música representa una defensa ante situaciones paranoides y melancólicas. Sirve para la evocación de la madre ausente, apunta a re-editar la relación con ella y con la naturaleza. Ante la indefensión del bebé, la madre con su aparición otorga seguridad, cuidados y tranquilidad. La voz materna se asocia con la gratificación oral, el balanceo rítmico que surge durante el amamantamiento. De esta forma, la base de la relación del ritmo y el ser humano debe buscarse en el contacto sonoro del feto intra-uterino, principalmente con los latidos cardíacos de la madre."(Pág.69)

Aquí es donde reside el aporte de esta disciplina en el trabajo de niños con capacidades especiales. La gran importancia de la música, es que puede prescindir de lo verbal, permite trabajar y comunicarse con un lenguaje no-verbal, lo cual facilita la conexión con estos niños que presentan dificultades en el área del habla y del lenguaje. En este lugar es en donde se abren los nuevos canales de expresión, de enlace y comunicación por medio de la música como expresión pura de aquello que no puede ser dicho, ya sea por causas de tipo orgánicas o de tipo psicológicas. La música representa una apertura de posibilidades de nuevas formas de expresión, comunicación y transmisión de sentires.

¿Cuáles son las implicancias que presenta la Musicoterapia en su aplicación para una práctica clínica? Citamos nuevamente a Benenzon:

> "Los elementos que aporta la Musicoterapia, se utilizan, no como medios en sí mismos sino como medios para establecer y desarrollar la comunicación, producir cambios y contribuir al desarrollo motriz, sensoperceptivo, témporo-espacial, cognitivo, del lenguaje y de la personalidad. Por medio de ella, se pueden organizar actividades corporales, juegos rítmicos y auditivos, actividades que involucran la expresión vocal e instrumental."(1971)

Estas actividades se realizan teniendo en cuenta la singularidad de cada paciente, no se aplican con un plan previo y fijo, que es el mismo en todos los casos, sino que se va adaptando a las necesidades individuales, precisas de cada uno, y también se modifica frente a lo que cada niño demanda y ofrece en particular.

Existen varias profesiones que trabajan con música. Podemos citar al musicoterapeuta, profesor de música, médico psiquiatra y psicólogo clínico. Todos ellos utilizan la música como un elemento de comunicación, pero difieren en el CÓMO y el PORQUÉ.

"El profesor establece el contacto con el paciente a través del aprendizaje de los conocimientos musicales y de un instrumento.

El musicoterapeuta utilizará al sonido y a la música para abrir nuevos canales de comunicación hacia los niveles más regresivos del paciente creando posibilidades hacia el mundo externo y rompiendo barreras hacia el mundo interno.

El psicoterapeuta la utilizará para el insight, y como una fuerte motivación para la fuente inagotable de estímulos asociativos."(1971)

La base para el trabajo de la musicoterapia, la encontramos en lo que Benenzon llama complejo "sonido-ser humano", que es el vínculo que existe entre los sonidos y un ser humano.

Es importante considerar dos principios fundamentales que intervienen en la articulación entre la teoría y metodología de la musicoterapia:

1. El principio ISO, según el cual cada persona se manifiesta o se comunica con sonidos de acuerdo a su *tempo* mental, como así también según hayan sido sus vivencias acústicas intrauterinas, infantiles, familiares, sociales y culturales.

2. Se postula que los instrumentos que se utilizan y sus respectivos sonidos (instrumentos convencionales y no convencionales, objetos de uso cotidiano, la voz humana u otros sonidos corporales, los movimientos y la expresión corporal) son objetos intermediarios, los cuales actúan comunicacional y terapéuticamente sin provocar estados de ansiedad o temor en la persona. (Tissera López G.,1998)

Proponemos considerar a la música como a un "objeto transicional" que otorga seguridad y protección al niño con necesidades especiales. Le permite calmar su ansiedad y angustia ante determinadas situaciones.

El término "objeto transicional" es un concepto desarrollado por D. W. Winnicott.

Un objeto transicional, es aquél que se utiliza para designar un objeto material que posee un valor electivo para el lactante y el niño pequeño, especialmente en el momento de dormirse (por ejemplo, un ángulo del cubrecama, una toalla que chupetea).

> "El recurrir a objetos de este tipo constituye, según el autor, un fenómeno normal que permite al niño efectuar la transición entre la primera relación oral con la madre y la 'verdadera relación de objeto". (J. Laplanche, 1996, pág. 265)

La música, es vivida por el niño como algo que no es amenazador, por el contrario, es una situación que le brinda experiencias de seguridad.

> "El objeto transicional y el fenómeno transicional proporcionan, desde un principio, a todo ser humano algo que seguirá siendo siempre importante para él, a saber, un campo neutro de experiencia que no será puesto en duda. Pertenecen, según Winnicott, al terreno de la ilusión: 'Este campo intermedio de experiencia, del cual no necesita justificar la pertenencia a la realidad interior ni a la realidad exterior (y compartida), constituye la parte más importante de la experiencia del niño. Se prolongará, a lo largo de toda la vida, en la experiencia intensa que corresponde a la esfera de las artes, de la religión, de la vida imaginativa, de la creación científica' " (J. Laplanche, pág. 265)

El objeto transicional, es también llamado "objeto intermediario", por ser ésa, la función que cumple.

Juliette Alvin, cellista y una pionera de la musicoterapia en Inglaterra, afirmó en el año 1971:

> "Un instrumento musical es también un objeto intermediario, ya que brinda al terapeuta la posibilidad de establecer contacto con ciertos roles del paciente sin desencadenar reacciones de alarma. Este contacto permite ulteriormente la creación de roles y creación de vínculos" (Pág.112)

En la metodología de trabajo se describen tres etapas:

1. En el transcurso del proceso musicoterapéutico se produce un estado regresivo que posibilita la apertura de canales de comunicación.

2. Se produce una comunicación no verbal dentro del grupo.

3. Durante una fase de integración se vuelve vivenciar el contexto familiar y social." (Tissera López G., 1998)

La autora Juliette Alvin (1965), realiza una distinción entre "sensibilidad musical" y "aptitud musical". La diferencia consiste en que:

> "*sensibilidad musical* es una disposición que provoca una reacción placentera a los sonidos musicales. La *aptitud musical*, en cambio, es el poder para adquirir algún tipo de habilidad musical creadora o interpretativa.
>
> Los niños disminuidos reaccionan a las experiencias musicales exactamente en la misma forma en que lo hacen los niños normales."(Pág.25)

La autora plantea que tanto los niños disminuidos como los normales manifiestan de igual manera, cuatro reacciones principales frente a la música:

- Física
- Sensual
- Intelectual
- Emocional

> "Cuando un niño muestra una reacción placentera ante la música, se puede concluir que el niño es sensible a la música y ella puede ser valiosa para su educación. (Pág.. 31)

La propuesta consiste en que el niño tome contacto con la música de una manera lúdica, espontánea y agradable para él.

Juliette Alvin, menciona la importancia que recae en el uso del sentido del tacto, en el trabajo musicoterapeuta:

"el sentido del tacto es un medio directo por medio del cual un niño puede explorar al mundo y adquirir un conocimiento conciente".

Este es un hecho muy importante a tener en cuenta al introducir al niño en el manejo de un instrumento musical. Más aún, cuando se trata de niños con capacidades diferentes, esta autora nos dice que:

"la manipulación de objetos con una función determinada es de gran ayuda para aquellos niños cuya percepción sensorial es restringida o deficiente. El empleo de un instrumento musical por más elemental o primitivo que sea, combina la percepción auditiva, táctil y visual. Requiere control motriz en el tiempo y en el espacio. La ejecución musical es el uso el movimiento coordinado y controlado en relación con el esquema musical. Esta actividad debe ayudar al niño a formar en su mente una imagen del movimiento y a dirigirlo. Este proceso mental es importante en el tratamiento fisioterapéutico de la parálisis cerebral y de otras enfermedades que producen invalidez." (Pág.63)

Es relevante el contacto entre un niño discapacitado y un instrumento musical desde el punto de vista cognitivo, ya que:

"la manipulación de un instrumento incluye una cantidad de otros procesos mentales: aprehensión de la forma física del instrumento, de la manera en que funciona, y esto siempre interesa a los niños."(Alvin, 1965, Pág.63).

Por medio del trabajo musical, también se apunta a modificar la imagen que posee de sí el niño, aumentar su auto-estima y la valoración de sí mismo.

"El niño disminuido que teme los fracasos y sufre de sentimientos de inferioridad, puede beneficiarse con una auto-apreciación inteligente de sus propios esfuerzos en un terreno en el cual el placer sigue siendo lo más importante." (Alvin, 1965, Pág.64).

Cabe aclarar, que no es sólo trabajando con instrumentos musicales específicos que se realiza este trabajo. La voz humana, es también un instrumento musical muy importante, y el uso y manejo de la misma por medio del canto, abre ilimitadas posibilidades de avances terapéuticos en un tratamiento.

> "Los procesos mentales necesarios para el canto son similares a los requeridos por la ejecución de un instrumento musical. La emisión de la voz infantil es un acto natural y espontáneo que no exige el mismo enfoque razonado y lógico que la manipulación de un instrumento.
>
> Al cantar, el niño cobra cada vez un mayor conocimiento y conciencia de su instrumento natural, del proceso de respiración, de la entonación y articulación, de la memoria de sonidos y palabras." (Alvin, 1965, Pág.64).

La música favorecerá también al desarrollo progresivo de una conciencia auditiva. Este es un proceso caracterizado por diversos momentos:

> "parte del entrenamiento destinado a despertar la conciencia perceptiva y física puede comenzar al nivel de la imitación y el automatismo." (Alvin, 1965, Pág.64).

La noción de tiempo se relaciona con las secuencias musicales, de una manera espontánea e implícita:

> "la aprehensión de la música depende de la memoria, del recuerdo del sonido recién escuchado en su relación con los sonidos precedentes y los siguientes. La relación entre sonidos a través del tiempo y del espacio da sentido y expresión a la música. Un niño pequeño que experimente con sonidos podrá tratar de provocar y de repetir una relación que recuerde como placentera o excitante." (Alvin, 1965, Pág. 67).

Para introducir al niño en la ejecución de la música de una forma sencilla y atrayente al mismo tiempo, es útil una determinada escala musical:

> "La escala pentatónica es musical e intelectualmente la
> secuencia de sonidos más fácil para ser usada en los primeros
> intentos. Esta escala corresponde a la serie de teclas negras en
> el piano, y no presenta ningún desafío a la mente. De este
> modo, la imaginación del niño no se ve trabada por las leyes
> que rigen otras escalas, y el resultado de su trabajo con una
> escala pentatónica siempre es aceptable." (Alvin, 1965,
> Pág.72).

Walter Howard, fue un psicopedagogo musical; en el año 1961
nos plantea:

> "La música nunca se entrega más que a medias y exige de la
> persona que la escucha la tarea de restablecerla en la integridad
> de su esencia. Un auditor que no recree dentro de sí el trozo
> de música que escucha, que no se sienta transportado al estado
> que sería suyo si lo compusiera en ese instante, permanece
> ajeno a la música"(Pág.8).

A pesar de las limitaciones que presentan los niños con autismo,
no se encuentran impedidos para disfrutar del placer de la música, así como también pueden verse modificados por la benéfica
influencia de la misma.

> "Las modificaciones que la música origina en nuestra vida
> interior, como las provocadas por cualquier impresión externa
> que actúa sobre las profundidades de nuestro ser, enriquecen,
> diferencian y profundizan nuestra sustancia íntima, son causa
> del despertar de nuestras facultades." (Howard, 1961)

A lo largo del tiempo, el concepto de "Musicoterapia" ha sido
mal entendido o interpretado, su uso se ha confundido y circula
información errónea acerca del mismo, por lo que se hace necesario aclarar algunos puntos clave referidos a la actividad musicoterapéutica, tal cual es entendida y desarrollada en la actualidad, a partir de los fundamentos que legitiman su accionar clínico.

Rubén Gallardo es un musicoterapeuta egresado de la carrera de
Musicoterapia de la Facultad de Medicina, y actualmente se de-

sempeña como coordinador de la carrera de Musicoterapia en la Universidad de Buenos Aires.

Ocupa un lugar protagonista en los momentos fundacionales de la Musicoterapia como práctica clínica dentro del área de salud mental.

Su trabajo ha contribuido para sentar las bases de la inclusión de una nueva terapéutica en el equipo interdisciplinario hospitalario.

Podremos apreciar la evolución del concepto de Musicoterapia, desde que fuera introducido y desarrollado por Benenzon, hasta hoy según las palabras de Gallardo:

> "La Musicoterapia toma por objeto promover la conciencia y el análisis de los modos acústico-relacionales vinculados directa o indirectamente con la génesis y/o la sintomatología de los distintos cuadros patológicos, en función de producir modificaciones o transformaciones que posibiliten la prevención, disminución o desaparición de los padecimientos y las secuelas que la acción de la enfermedad ejerce sobre las personas, los grupos familiares y la comunidad." (pág. 20)

El musicoterapeuta en la práctica clínica cuenta con recursos específicos de su incumbencia, ellos son: el sonido, la música, la voz, los instrumentos musicales y todas las formas rítmicas y acústicas expresadas o vivenciadas a través del cuerpo, los objetos y los medios analógicos y digitales de producción, reproducción, edición y comunicación.

También es preciso aclarar que cuando se hace Musicoterapia es probable que se interprete música, se aprenda música, se cree música y se escuche música; no obstante, el objetivo no es ni la interpretación, ni la creación; ni el aprendizaje, ni la audición pasiva: el objetivo de la Musicoterapia siempre será la prevención de la enfermedad, la curación, una vez instalada la misma, y la rehabilitación frente a sus secuelas.

Por intermedio del trabajo con los recursos específicos el paciente podrá jugar con ellos, de manera individual o grupal, en forma de escenas significativas, para luego asociarlos conciente o inconscientemente, a otras situaciones análogas ya vivenciadas en su historia personal y desde allí mejorar su capacidad para enfrentar el conflicto actual a través de enriquecer las posibilidades de análisis y de elaboración.

De esta forma, los objetos acústicos le permiten realizar analogías concientes que también promueven la movilización y acomodamiento de las analogías inconscientes.

Según cómo transita el paciente estas analogías, se pueden apreciar las características de sus primeras experiencias relacionales, sensoriales, motrices, acústico-relacionales.

> "Son situaciones, y actos, que se escenifican desde lo consciente y tienen su co-relato en el imaginario inconsciente; es allí donde se producen las modificaciones; ni conciencia, ni palabra racional se hallan frecuentemente presentes en esta forma de elaboración." (pág. 22)

Como modalidad de trabajo, este autor, exige para el ejercicio profesional del Musicoterapeuta, tener en cuenta los siguientes ítems:

> "Abandonar los recursos intuitivos y manipuladores, realizando una práctica clínica que se sustente en el cuestionamiento del sí mismo mediante la formación personal, la atención de las necesidades del paciente; la reflexión y exposición de las ideas y los conceptos y también la confrontación y el intercambio científico con los demás colegas y los otros profesionales de la salud"

Es importante destacar, entonces, que la música en sí misma, no es terapéutica, ni la musicoterapia es una terapia "musical". Son las atribuciones que un paciente le adjudica, más el eficaz desempeño que un musicoterapeuta realice con esa herramienta, los factores fundamentales que permiten producir cambios saludables.

Un musicoterapeuta no basa su accionar en el desarrollo de la creatividad del paciente, un "hecho artístico" o la "expresión artística" no modifican por sí solos una estructura patológica y tampoco son en sí mismos indicadores de salud o enfermedad.

La Clínica Musicoterapeuta se desarrolla en un escenario de características acústicas y relacionales (donde se manifiesta y elabora la problemática del paciente a través del juego sonoro expresado en forma de diálogos, encuentros, escenas, intercambios, acuerdos, rechazos, aceptaciones, etc).

Está definida por la posición del Musicoterapeuta (la permisividad, la contención, la comprensión, la observación no intrusiva, la intervención no invasiva, la disponibilidad, el cuidado y la valoración de la producción, son los factores que determinan una relación auténticamente terapéutica).

Se halla configurada por la problemática del Paciente (los objetos sonoros de intermediación tendrán, en este proceso, la posibilidad de transformarse y multiplicarse en su significación y contenido).

¿Cuál es el Rol del Musicoterapeuta?

Un musicoterapeuta no incluye aspectos pedagógico-musicales en los tratamientos, ya que esa es tarea concerniente al Docente de música especializada. Por lo tanto, su rol no consiste en la enseñanza de la música en sí.

No aplica determinados sonidos con el fin de producir "efectos benéficos", esa es una práctica esotérica, que carece de base científica. La musicoterapia utiliza herramientas específicas de observación, interpretación e intervención (el sonido, la música, la voz, los instrumentos musicales y todas las formas rítmicas y sonoras expresadas y/o vivenciadas a través del cuerpo, los objetos y los medios acústicos de comunicación.

El actor principal en este proceso es el paciente. Es él quien debe configurar un espacio para manifestarse. El musicoterapeuta observará la modalidad de relación que el paciente establece con los distintos instrumentos musicales, cómo ocurre la configuración del escenario sonoro-relacional. De otra manera, el musicoterapeuta caería en el error avasallar la singularidad del paciente mediante consignas y técnicas, es la consecuencia de efectuar una acción experimental invasiva que determina una negación y manipulación de ese paciente.

Una acción experimental invasiva consiste en anticiparse a las manifestaciones del paciente con la proposición de una serie de "consignas-ejercicio" que serán determinantes del modelo relacional que se establecerá de ahí en adelante, entre el musicoerapeuta y ese paciente.

Ese modelo relacional invasivo significa que ambos (profesional y paciente) quedarán presos de la situación creada por el primero.

Gallardo (2000) muestra esta clase de intervención:

> "Ante la 'amenaza' de la emergencia de la problemática de su paciente, el Musicoterapeuta se anticipa (se "defiende" conciente o inconscientemente) proponiéndole consignas, dramatizaciones, improvisaciones, etc., etc. las que, supuestamente o mejor dicho paradójicamente, serían las encargadas de facilitar la manifestación de los contenidos que él mismo obturó.
>
> Acto seguido, y como es obvio que alguna respuesta ya sea de sumisión o de rechazo obtendrá por parte de su paciente, el Musicoterapeuta avanzará con otras propuestas, surgidas de su propia "creatividad", convencido que éste, y no otro, será el camino indicado para que el paciente exprese su problemática y él, como profesional, justifique su presencia y su función.
>
> Que de parte del paciente exista una tendencia a delegar la iniciativa en el Musicoterapeuta (y esto es esperable especialmente en patologías graves), no avala un intervencionismo que, de tan habitual, ya

está instalado casi como una técnica que caracteriza a la Musicoterapia." (pág??)

También menciona cuales son las causas posibles que originan estas consignas experimentales e intrusivas:

- El Musicoterapeuta tiene sus propias escenas internas y si no es conciente de esto siempre estará expuesto a "hacerle jugar" a su paciente las fantasías que no se atreve a manifestar y elaborar por sí mismo.

- El temor a lo "extraño o lo desconocido del contenido de las manifestaciones del paciente puede inducir al Musicoterapeuta a "modelar" estas expresiones "a la medida" de su propia tranquilidad.

- Las manifestaciones sintomáticas del paciente se asemejan demasiado a las de la problemática del Musicoterapeuta.

- La justificación de un rol "activo" frente a la supuesta o efectiva demanda institucional.

- La ignorancia de conceptos teóricos y recursos específicamente musicoterapéuticos que fundamenten su accionar.

- No obstante, hay momentos donde sí se recomienda intervenir de manera activa con propuestas directas al paciente, Gallardo (2000) sostiene que son los siguientes:

  - En el caso de una gran inhibición o aislamiento que le impide tomar cualquier iniciativa.

  - Como acompañamiento de una iniciativa del paciente

  - Para encuestas y desarrollos estadísticos o en investigaciones experimentales y con acuerdo del paciente.

- En condiciones de extrema sensibilidad del paciente ante el temor de un posible abandono o desinterés por parte del Musicoterapeuta.

Es muy importante la inclusión del arte si se desea lograr la rehabilitación de personas con capacidades especiales. Por medio del trabajo en talleres, se accederá a la integración de la teoría y la práctica de la clínica musicoterapéutica.

Oscar Zelis plantea el valor y eficacia de los talleres artísticos en escuelas de educación especial como dispositivos terapéuticos:

> "El arte otorga, a quien lo practica, la *oportunidad* de internarse en la aventura de poder hacer algo desde uno mismo, permite al sujeto "inventarse" y desplegarse en su acto artístico, es a partir de éstas ideas que planteamos la importancia de la necesidad que tienen los *talleres artísticos* en las instituciones dedicadas a la atención de personas con discapacidad y a la educación especial. En el taller la propuesta apunta (entro otros objetivos) a la posibilidad que brinda el arte de interactuar socialmente, ya que la obra permite y facilita el contacto y la comunicación con el otro, quien a su vez aporta su mirada de aquello que se produce, favoreciendo el diálogo y la interacción del artista con su entorno social."(Zelis O. y Llompart P., 2002)

En publicaciones más recientes, Benenzon, plantea una aclaración en su conceptualización original acerca de la musicoterapia:

> "Dudamos mucho de llamar musicoterapia a la música funcional, a la música como elemento pasivo contemplativo. Queremos limitar el término de musicoterapia a aquellos fenómenos en donde se establece un proceso comunicacional, y este proceso en su historia es el que va a modificar el paciente en su desarrollo."

Sostiene que la musicoterapia es una terapia alternativa no verbal, fundamentalmente no verbal y pre-verbal, que permite trabajar precisamente con pacientes que no tienen posibilidades de expresarse de otra manera. En este contexto, incorpora a la musicoterapia una técnica fundamental de Acercamiento.

Esta disciplina coloca al profesional en el desarrollo evolutivo más primitivo, es decir, en una situación más regresiva que en la que se encuentran esos pacientes. Define y reconoce, a la musicoterapia como terapia esencialmente "vincular", que permite vincularse y comunicarse.

En el año 1995 se llevó a cabo un congreso en la Universidad del Zulia, República de Venezuela, llamado "I Encuentro Latinoamericano sobre Autismo, 50 años después de Leo Kanner".

Se abordaron distintas temáticas referidas al autismo, a su diagnóstico, la intervención terapéutica, y los aspectos socioeducativos.

Asistieron y disertaron profesionales de la salud, provenientes de México, Colombia, Argentina, Venezuela, Puerto Rico, entre otros países.

En una de las presentaciones, Cristina Zamaní (Mgs. en Musicoterapia y profesora de la Universidad de Belgrano en Argentina) desarrolló, el uso de la Musicoterapia, para el abordaje del autismo, por medio de la aplicación de técnicas paraverbales.

Para el tratamiento del autismo, propone tener en cuenta dos aspectos muy importantes: la constancia y la flexibilidad. Ella explica que en el síndrome autista, hay una necesidad de estructura y rutina establecida, por lo tanto el tratamiento, deberá contemplar esa necesidad básica, tomando en cuenta esos dos aspectos, se otorga al niño un ambiente estructurado, pero también flexible a las necesidades del niño autista.

El objetivo de la Musicoterapia es el desarrollo del potencial máximo en cada área evolutiva y la adaptación según su funcionamiento.

Se trabaja desde la terapia paraverbal, que fue creada para el tratamiento de niños con trastornos de comunicación, y que no

toleran ni cooperan con terapias tradicionales como psicotera-
pias y psicoanálisis. La palabra "para" significa al lado, o cerca
de, es un método de observación, diagnóstico, y tratamiento que
utiliza una variedad amplia de medios expresivos para establecer
comunicación no verbal y comunicación verbal.

Esta terapia, promueve la apertura de nuevos canales de comunicación a través de la interacción no-verbal, que puede o no ser
acompañada de lenguaje puramente verbal o expresivo.

Sin embargo, la terapia no consiste ni en la enseñanza de música, ni es el uso de la música para la recreación. Tampoco se utiliza con una finalidad estética.

Es un vehículo para obtener resultados en objetivos terapéuticos.

> "Musicoterapia, es el uso de la música para lograr objetivos
> terapéuticos, la rehabilitación, el mantenimiento y el
> mejoramiento de la salud mental y física" (Pág. 263)

Esta modalidad terapéutica está sustentada desde la neuropsicología, la neuropsiquiatría y el enfoque psicodinámico.

El uso de los componentes de la música, es utilizan de manera
individual y específica, penetra en el sujeto de una manera que le
ayuda a incorporar el estímulo sonoro con mayor facilidad.

Los componentes de la música, son:

Altura	Intensidad	Pulso
Timbre	Armonía	Ritmo
Tempo	Melodía	Letra

La terapia paraverbal, se basa en usar estos componentes (de
modo singular o en combinación) junto con el Arte, el Drama,

la Danza, en improvisaciones para responder a las necesidades (evolutivas, neurológicas, orgánicas) propias de cada paciente.

El ritmo y el pulso, se utilizan como organizadores para establecer la conducta. Los cambios en velocidad (tempo), timbre, altura, intensidad y armonías, aseguran la atención del niño.

Se trabaja con la repetición musical de una melodía simple, armonía sencilla y la palabra cantada refleja la acción de lo que sucede durante la interacción (de la actividad que se está desarrollando).

Esta modalidad de trabajo es muy útil para facilitar el procesamiento auditivo en niños con trastorno autista que no toleran un input complejo por que tienen el sistema sensorial impedido.

Se usan dos intervalos musicales, la 3ª menor descendente, y la 4ª justa ascendente, que son los intervalos que siempre se encuentran en los cancioneros infantiles, populares y tradicionales. Son muy fáciles de registrar a nivel auditivo.

Al trabajar con melodías simples y letras sencillas, que refieren a la actividad que se está realizando, el niño se concientiza de lo que está ocurriendo, lo que siente, y su efecto en el medio ambiente. Permite estabilizar la percepción, anticipar lo que ocurrirá por medio de una guía.

Se observan cinco áreas evolutivas del niño en las sesiones:

- Social
- Afectiva
- Comunicativa
- Motora
- Cognitiva

Por medio de la observación clínica y una evaluación, a través de la Musicoterapia es posible diagnosticar el rendimiento, desarrollo y potencial del niño autista.

En el inicio y en el fin de sesión se canta la misma canción, a manera de parámetro que permite predecir y anticipar lo que ocurrirá a continuación, otorga seguridad reduce la ansiedad y tensión que se le presenta al niño ante una situación nueva, o en el primer momento de interacción con otras personas.

Se provee así, al niño, de una estructura predecible y constante. También se trabaja con repeticiones, lo cual ayuda al niño a procesar la palabra cantada, exagerando las expresiones faciales en conjunto con la acentuación marcada de las partes de una palabra. De esta forma, se estimula tanto a nivel visual como auditivo en forma simultánea.

En la terapia paraverbal, está contraindicado el uso de música pregrabada debido a que se afecta la flexibilidad de respuesta de los niños. La música pregrabada puede convertirse en estímulo no-filtrado constante que promueve la desconexión y falta de atención en lo que se está haciendo.

Por otro lado, se recomienda el uso de elementos musicales (en forma individual o combinada) durante la improvisación en una interacción directa, con el paciente ya que ayuda a responder a sus necesidades más inmediatas, tomando como guía sus respuestas para continuar con el proceso terapéutico.

La flexibilidad en el uso de la música permite improvisar en el momento, adaptar y modifica espontáneamente para lograr una comunicación y una expresión individual.

Las respuestas del paciente, serán las guías para proporcionar el estímulo sonoro adecuado, para acrecentar la comunicación no-verbal o verbal que se va sucediendo durante la interacción inter-personal.

Las técnicas utilizadas estimulan de manera unisensorial o multi-sensorial según las posibilidades evolutivas orgánicas y conductuales del individuo.

Algunas personas responden inicialmente sólo al pulso, algunos a la acentuación melódica, a los cambios de intensidad y otros a la combinación de dos o más elementos.

Si las respuestas del niño son más limitadas o debido a dificultades en el procesamiento del input sonoro a consecuencia de trastornos neurológicos sensoriales y/o de la percepción, se trabaja con elementos que estimulan lo sensorial, como la pintura, burbujas o manipulación de plastilina durante la improvisación musical del terapeuta, lo cual hace que la persona se libere y comience a pintar acompañado de los ritmos y melodías realizados durante la sesión.

Para concluir, mencionamos las ventajas del uso de la terapia paraverbal, tal como la propone Zamaní:

> "La aplicación de la terapia paraverbal ofrece al niño la posibilidad de ser exitoso, participar de experiencias positivas y gratificantes y también 'duales-dependientes' con el terapeuta, con otros pacientes o con figuras significativas en la vida del paciente.
>
> Estas actividades "duales-dependientes" utilizan instrumentos musicales adaptados o materiales que ofrezcan una interacción personal máxima entre paciente y terapeuta.
>
> En una sesión musicoterapéutica se utiliza una amplia gama de instrumentos musicales. Estos representan un aspecto tímbrico y sonoro que promueven la estimulación auditiva y un eventual desarrollo de capacidades de discriminación auditiva que asiste en el desarrollo del lenguaje verbal. Algunos instrumentos refuerzan conceptos como memoria, identificación de letras y el juego simbólico" (Pág. 270)

Acústica y Sonidos

Consideramos necesario acceder a una comprensión más completa acerca de los fenómenos de la música, de manera que intentaremos definir algunos conceptos fundamentales relacionados con El Sonido, desde la disciplina que se especializa en su estudio: La Física, y dentro de ella, encontramos a la Acústica:

> "Se denomina Acústica a la parte de la Física que estudia los fenómenos llamados ruidos o sonidos, percibidos por el sentido del oído. Los primeros corresponden a percepciones auditivas breves o discontinuas y los segundos permanecen durante cierto tiempo idénticos a sí mismos y producen una sensación musical particular." (García Pelayo y Gross R., 1991, Pág. 1885).

Sin embargo, la mayoría de las personas realizan una distinción entre "sonido" y "ruido", y la diferencia reside, (más allá de la fundamentación física acerca de la cantidad de vibraciones por segundo) en una apreciación personal signada por el gusto, lo que para algunas personas es ruido molesto, para otras serán sonidos agradables.

El sonido se origina a partir de un movimiento vibratorio, y los sonidos de la voz provienen de las vibraciones que realizan las cuerdas vocales. Para que un sonido pueda percibirse, la frecuencia del movimiento vibratorio que lo produce debe estar comprendida entre 30 y 20.000 períodos por segundo. Los sonidos cuya frecuencia es inferior a 30 se denominan infrasonidos, y los de frecuencia superior a 20.000 ultrasonidos. Ambas clases de sonidos no son audibles, pero tienen propiedades físicas iguales a las de los demás sonidos.

Para que el sonido se propague, debe existir un medio conductor propicio.

> "La propagación del sonido sólo puede realizarse si existen uno o varios medios elásticos entre la fuente y el tímpano,

membrana tensa situada en el fondo del conducto auditivo externo." (García y Pelayo Gross, 1991).

En el vacío, un sonido no se propaga, a diferencia de lo que ocurre con la luz.

"El medio elástico que existe entre la fuente vibrante y el pabellón auditivo es el aire, pero éste puede sustituirse por sólidos, o por líquidos.

La transmisión de un sonido desde la fuente que lo produce hasta el oído, no es instantánea. Existe cierta velocidad de propagación del movimiento vibratorio a través del medio interpuesto entre la fuente y el oído que se denomina velocidad del sonido en el medio considerado" (García y Pelayo Gross, 1991).

Cualidades del Sonido

El sonido presenta cualidades específicas que lo describen. Estas cualidades esenciales son la INTENSIDAD, la ALTURA y el TIMBRE.

- *Intensidad*: es la mayor o menor fuerza con que éste se percibe. De acuerdo con esta definición, los sonidos se dividen en fuertes y débiles. La intensidad del sonido depende de la amplitud de las vibraciones de la fuente que lo produce.

- *Altura*: es el grado de acuidad o de gravedad del mismo. De acuerdo con esta definición, los sonidos se dividen en AGUDOS y GRAVES.

  La altura de un sonido depende de la frecuencia del movimiento vibratorio de la fuente sonora. Los más agudos son los que tienen mayor frecuencia.

- *Timbre*: es la cualidad por la cual se distinguen sonidos producidos por instrumentos diferentes, aunque sean de igual altura e intensidad.

El oído puede distinguir varios sonidos superpuestos, uno de ellos, que tiene la frecuencia más baja y, en general, la intensidad máxima, corresponde al sonido principal o *fundamental*, y los demás, de frecuencias superiores y casi siempre de intensidades menores, se denominan *armónicos*.

Una melodía, es una sucesión de sonidos musicales emitidos con cierto ritmo. Si se conserva el mismo ritmo sustituyendo todos los sonidos por otros de forma que sigan idénticas las "relaciones" entre las frecuencias de los sonidos sucesivos, el oído tiene la impresión de que la melodía no se ha alterado.

Sin embargo, una melodía parecería modificada si se reemplazaran todos los sonidos por otros que presentaran entre sí las mismas diferencias de frecuencia. El intervalo de dos sonidos se define como la relación que existe entre las diferencias de frecuencias.

Una melodía se caracteriza por el ritmo de la sucesión de los sonidos y por sus intervalos sucesivos.

Acerca del Ritmo

Nuestro mundo, se encuentra regulado de forma rítmica, las estaciones, la rotación de los astros alrededor del sol, los flujos y reflujos de las mareas, los ritmos biológicos, etc.

En un diccionario, se define al ritmo de la siguiente manera:

> "Orden acompasado en la sucesión o acaecimiento de las cosas. Proporción guardada entre el tiempo de un movimiento y el de otro diferente" (Diccionario de la Real Academia Española, pág. 1800)

Esta definición nos resulta sencilla y escueta, pero es muy útil, a la hora de relacionarla con el tema que nos interesa indagar: ¿A partir de cuando ocurre el desarrollo del ritmo? ¿Cuáles son sus primeras características?

Ya hemos mencionado antes, que desde el útero, el feto puede percibir toda una variedad de sonidos del exterior que llegan hasta él, transmitidos por un medio acuoso: el líquido amniótico. Algunos de esos sonidos incluyen el latido del corazón de la madre, los ruidos intestinales, la voz materna y hasta los ruidos extremos de la calle.

Davis (1973) afirma que:

> el Dr. J. Meerloo ha descrito al útero como un "mundo de sonidos rítmicos" puesto que desde el primer vestigio de vida, el feto vive al compás del corazón de su madre, en síncopa con el suyo propio, que late a un ritmo de casi el doble de velocidad. El bebé mismo, se mueve rítmicamente dentro del útero, flota, se hamaca y algunas veces hasta casi podría decirse que baila en los primeros meses, cuando todavía tiene suficiente espacio como para hacerlo libremente. (Pág. 179)

Algunos investigadores han descubierto que todas las personas se mueven constantemente al ritmo de los demás. Incluso los bebés, lo hacen en sincronía con su madre, y esa experiencia prenatal de los ritmos humanos es tan intensa que influirá durante el resto de la vida.

> "Cada vez que su madre se mueve, el feto se hamaca suavemente dentro de su vientre y continuamente oye el rítmico latir de su corazón. Pero en el momento de nacer, repentinamente lo agreden una cantidad de sensaciones extrañas y a la vez abrumadoras y totalmente inesperadas. Han desaparecido para él los ritmos fijos y adormecedores de su existencia prenatal.
>
> La mayoría de las mujeres parecen comprender instintivamente la necesidad de una experiencia rítmica y automáticamente hamacan y palmean a sus hijitos. Más aún,

cuando una madre mece a su hijo, tendrá una tendencia a hacerlo siguiendo el ritmo de su propia respiración o de la del niño, al palmearlo, este ritmo reproducirá también el ritmo cardíaco de la madre o del niño". (Davis F. 1973, Pág. 183)

En el año 1967, durante el mes de setiembre, se llevó a cabo el Primer Congreso de Educación musical del Noroeste Argentino, en la provincia de Tucumán.

En este Congreso, un tema desarrollado, la importancia del ritmo, en el abordaje de niños que presentan trastornos severos, como es en el caso del autismo.

Se planteó la necesidad de integrar varias áreas, la Psicomotricidad mediante la rítmica, la Fonoaudiología por medio del canto, y destacar el uso del ritmo, pero desde un lugar terapéutico.

El ritmo permite organizar, estructurar y ordenar. Edgar Willems, es un psicopedagogo belga, y en el año 1973, sostiene que es un elemento de vida fisiológica, y que podemos encontrar la clave práctica en el cuerpo humano.

> "Es un instinto viviente, natural que hay que despertar, proteger y desarrollar en un principiante y en todo alumno. El verdadero ritmo es innato y se encuentra en todo ser humano normal. El andar, la respiración, pulsaciones, movimientos más sutiles provocados por reacciones emotivas y pensamientos son movimientos instintivos a los cuales debe recurrir el educador para obtener del niño, alumno, el auténtico ritmo viviente interior, creador en el sentido más amplio de la palabra.
>
> El ritmo, musical o no, puede compararse con la fuerza que da forma al tronco y las ramas de un árbol, fuerza primaria, propulsora, lineal, el ritmo da la forma, la estructura.
>
> Este elemento se encuentra en las nervaduras de las hojas, y en los pétalos de las flores. Se lo encuentra aminorado, en la melodía y en la armonía, que le deben no su esencia, sino su estructura." (Pág. 44)

Los movimientos corporales, generan ritmo y son un medio directo, útil e indispensable para el desarrollo del instinto rítmico.

¿En qué consiste el trabajo con el ritmo? Willems nos aclara el siguiente punto:

> "se trata de dirigirse a las fuentes primeras del ritmo, sus manifestaciones pre-musicales, de orden más general".

En el trabajo con niños, se propone recurrir a la marcha, carrera, salto, movimiento de brazos y manos. La rítmica de Jacques Dalcroze, apela al cuerpo humano para animar el ritmo musical.

Toda rítmica valedera debe estar basada no en el ritmo musical sino en el movimiento corporal, en el ritmo pre-musical.

> "¿Qué es el ritmo, la melodía, con la que se habla en una lengua? Quiero decir, estrictamente ¿Cuál es el valor semántico del ritmo, cual es el valor semántico de la música?
>
> Lo que se cuenta corresponde a fonemas, a sonidos. Fíjense que los sonidos vale por ser diferenciales, los fonemas no tienen una significación propia, salvo la significación que podamos encontrar en este ritmo, que transmite primero una memoria. Para que haya ritmo es menester que memoricemos un pasado, si no, no hay ritmo. Y en relación a esta memoria, una reiteración, una repetición, que nos da el ritmo y la melodía.
>
> Si nosotros decimos ritmo, decimos también un cierto orden. En este sentido, lo importante del artículo mencionado es que muestra cómo se cuenta en la práctica, cómo se cuenta en el sonido mismo de aquello que se va hablando, de aquello que se va diciendo aparece escondido por un cierto ritmo.
>
> Que se cuente implica todo lo que podamos reflexionar respecto al lugar del cero y a lugar del uno, es decir, que haya un orden numeral." (Fukelman J., año 2002)

Masson (1987) plantea que en general, los enfermos que padecen trastornos mentales agudos o crónicos comienzan por perder el sentido de las relaciones en el tiempo, pero no en el sentido del ritmo.

> "De los tres componentes de la música, la armonía es la primera que se perturba, después la melodía y por último el ritmo, que las más de las veces está bastante poco afectado."
> (Pág. 217)

También es interesante mencionar que ése fenómeno reproduce en sentido inverso a la evolución del niño:

> "Es capaz de actividades rítmicas espontáneas, de seguir un ritmo exterior, en seguida se sensibiliza con la melodía y después con la armonía. En terapéutica, la idea será, resolver primero el problema del ritmo, que es fundamental y primordial. Ritmo y música traen relajación, armonía e intervención permanente de la emoción y de la afectividad en el entrenamiento eventual de los mecanismos instrumentales. Suscita o facilita la expresión." (Pág. 217)

Carl Orff es el maestro en el tratamiento de las fuerzas rítmicas. Con él, se puede estudiar el manejo de las mismas.

Los tonos largos y cortos, las puntuaciones y las síncopas, son una parte importante de las terapias.

Los tres grupos de instrumentos que son los instrumentos de viento, de cuerda y de percusión, están relacionados con los tres elementos, melodía, armonía y ritmo. A la vista de las posibilidades de los instrumentos podemos encontrar una asignación:

Melodía	Instrumentos de viento
Armonía	Instrumentos de cuerda
Ritmo	Instrumentos de percusión

2

Autismo

¿Qué es el autismo?

La palabra "autismo" se deriva del *autos* griego que significa "uno mismo".

Este término fue creado por E. Bleuler en 1911, para designar al retraimiento en el propio mundo imaginario de la esquizofrenia, y con posterioridad, fue adquiriendo diversos sentidos, según fuera utilizado para designar una patología precoz o un estado secundario al desencadenamiento de la enfermedad.

En el año 1943, el Dr. Leonard Kanner, psiquiatra de la universidad John Hopkins, escribió la primera ponencia aplicando el término "autismo" a un grupo de niños ensimismados y con severos problemas de índole social, de comportamiento y de comunicación.

Para Kanner (1944), estos niños presentan una incapacidad congénita para establecer el contacto habitual, con las personas.

Características principales:

- Es un grave trastorno que afecta el desarrollo infantil.

- Se manifiesta en los tres primeros años de vida.

- Los niños parecen indiferentes, retraídos o ausentes por lo que su relación afectiva y social es limitada.

- Algunos autistas no hablan, en otros su lenguaje es raro y reducido.

- Los autistas buscan estimularse con movimientos repetitivos por lo que su conducta y manera de jugar es extraña.

- El autismo es un trastorno que puede afectar la percepción (los 5 sentidos) por lo que el autista reacciona a los estímulos de manera anormal.

- Es una alteración del desarrollo que afecta la aparición del lenguaje, la inteligencia y la vida emocional.

- Es un trastorno que provoca que los niños autistas sean rutinarios obsesivos, hagan actividades fijas y monótonas, que les molesten los cambios o las interrupciones, que se entretengan por mucho tiempo con objetos.

¿Cuáles son las causas de este trastorno?

El Manual Diagnóstico y Estadístico de los Trastornos Mentales, de la American Psychiatric Asociation, (DSM IV) brinda la siguiente definición:

"Trastornos generalizados del Desarrollo: Se caracterizan por una perturbación grave y generalizada de varias áreas del desarrollo: habilidades para la interacción social, habilidades para la comunicación o la presencia de comportamientos, intereses y actividades estereotipados. Las alteraciones cualitativas que definen estos trastornos son claramente impropias del nivel de desarrollo o edad mental del sujeto. Se incluyen el trastorno autista, el trastorno de Rett, el trastorno desintegrativo infantil, el trastorno de Asperger y el trastorno generalizado del desarrollo no especificado. Estos trastornos suelen ponerse de manifiesto durante los primeros años de la vida y acostumbran a asociarse a algún grado de retraso mental." (Pág. 69)

Encontramos al Autismo Infantil o Trastorno Autista, dentro de esta categorización. Y a continuación, se lo define específicamente:

"Trastorno Autista: Las características esenciales del trastorno autista son la presencia de un desarrollo marcadamente anormal o deficiente de la interacción y comunicación sociales y un repertorio sumamente restringido de actividades e intereses. Las manifestaciones del trastorno varían mucho en función del nivel de desarrollo y de la edad cronológica del sujeto. A veces el trastorno autista es denominado autismo infantil temprano, autismo infantil o autismo de Kanner."(Pág.70)

Es posible apreciar una evolución típica que se da en la mayoría de los casos.

"Hay un desarrollo aparentemente normal en los nueve primeros meses de vida, más adelante ocurren carencias evolutivas que afectan especialmente a las capacidades comunicativas (en los nueve siguientes meses) y se despliega en una clara distorsión cualitativa evidente alrededor de los 18 meses, en un momento del desarrollo del niño en que se producen cambios muy fundamentales y se acelera el proceso de humanización" (Riviére A. y Martos J., 1997).

Se han identificado múltiples factores neurológicos, pero aún no se ha podido establecer una única causa. Actualmente, las investigaciones se orientan hacia una causalidad de origen genético.

Acerca de los neurotransmisores, no hay una teoría unificada pero los sistemas más involucrados son el dopaminérgico y mesolímbico.

Actualmente se ha estudiado la conexión neuronal, observando que la dopamina y serotonina juegan un papel importante en la transmisión de impulsos sensoriales, a nivel intersináptico, se ha encontrado que estos neurotransmisores en ocasiones pueden llegar al cerebro en gran cantidad y con un gran impulso, sin embargo en otras ocasiones el proceso en la transmisión de impulso es lento.

Los rasgos autistas pueden ser causados por un alto umbral de receptividad sensorial efectiva en el niño, lo cual es el producto de un bajo nivel de activación del sistema límbico del cerebro medio.

El niño no puede codificar las experiencias sensoriales, por lo que carecen de sentido para él y por lo tanto no les da respuesta. No logran ser gratificadoras impidiendo una memorización tanto a corto como a largo plazo, y es muy difícil lograr un aprendizaje real.

Durante los años 50' se pensaba que el origen del autismo se debía a una hiperintelectualización de la madre, lo cual dificultaba el desarrollo de los vínculos tempranos del niño, ya que la madre, es el primer contacto con la realidad, la dificultad de comunicación generaba rechazo y estrés temprano en el niño.

También se atribuyó el origen de este trastorno a diversos factores de la psicodinamia familiar (padres distantes, lejanos con vínculos frágiles, falta de estimulación del niño).

Se mencionan algunos de esos factores de la psicodinamia familiar:

> "Necesidades inconscientes de los padres, madres incapaces de empatizar con sus hijos, compulsividad parental, dificultades conyugales, enfermedad de los padres, hiperestimulación del niño que es percibida como agresión. Sin embargo, estas también son causas comunes a diversos trastornos psiquiátricos." (Lovaas,1996)

Desde el psicoanálisis, la autora Soifer (1986) menciona al autismo, como a un trastorno de la conducta, cuyos síntomas son el derivado del predominio de los mecanismos esquizoides.

> "La retracción autista, es el mecanismo esencial de las situaciones autistas. Se presenta como un estado casi permanente de apatía y desinterés, el lactante no presta atención a los estímulos provenientes del exterior, salvo a los relacionados con su alimentación, vestimenta o limpieza. Cuando el estado de retracción es muy grande, el cuerpo del bebé permanece rígido en brazos de su madre o de otras personas, sin acomodarse a la cavidad que se le ofrece. Tampoco hace movimientos anticipatorios tales como sonreír o tender los brazos cuando alguien se le aproxima o habla" (Pág. 152)

La posibilidad de una normalidad genética fue contemplada por el Dr. Leo Kanner, donde el autismo empezó a considerarse como una condición innata.

Desde los años setentas hasta la fecha se relaciona las conductas autistas con estudios que señalan signos de disfunción neurológica:

- Estudios electrofisiológicos. Potenciales evocados.
- Estudios de neuropatología. Tomografía computarizada y resonancia magnética.
- Estudios bioquímicos, endocrinos e inmunológicos.
- Estudios cromosómicos.
- Enfermedades infecciosas relacionadas con el autismo.
- Alteraciones en los aminoácidos y las purinas." (Lovaas, 1996).

¿Cuales son las diferencias entre Autismo, Retraso mental y Esquizofrenia?

El Dr. I. Lovaas, desarrolla una interesante comparación y establece las diferencias que existen entre el autismo, la esquizofrenia y el retraso mental.

"Si bien el autismo no ha sido definido con exactitud debido a las múltiples causas que se le pueden atribuir, puede ser confundido con otros problemas. Los niños pasan por una etapa normal del autismo, donde el mundo gira sobre sí mismo y reacciona en base a sus percepciones subjetivas sin embargo entre los 3 y 6 meses salen de esta etapa.

La confusión entre la deficiencia mental y el autismo es común; la diferencia radica en que el retraso psicomotor en el niño débil mental es definitivo y está establecido. Por otro lado el desarrollo desigual de habilidades, en el niño autista se presenta una ejecución cercana a lo normal e implica habilidades de memoria, relaciones espaciales y musicales en contraste de la ejecución subnormal de las pruebas verbales.

Por muchos autores el autismo fue considerado como una manifestación temprana de la esquizofrenia. Sin embargo, actualmente, hay importantes diferencias, en cuanto al tratamiento el niño con esquizofrenia tiene mejores resultados con el tratamiento psicofarmacológico y los niños autistas responden mejor a los tratamientos psicoeducacionales. (Lovaas, 1996)

Con relación a la esquizofrenia, Raquel Soifer (1986) afirma que

"la retracción autista es el rasgo más relevante de los estados psicóticos esquizoides y que resulta muy difícil establecer el diagnóstico de esquizofrenia en la primera infancia", por lo tanto, propone "pensar seriamente las características típicas de la esquizofrenia (disgregación mental, retardo, etc.) como el resultado de las detenciones severas en el desarrollo psíquico que se producen en las criaturas afectadas temporariamente de retracción autista y que no fueron debidamente tratadas en el momento oportuno." (Pág. 165)

Es posible apreciar obvias diferencias teóricas entre Lovaas y Soifer, para ésta última autora,

> "La esquizofrenia puede devenir como consecuencia de la falta de intervención psicológica a tiempo, frente a la retracción autista. Por lo tanto, la esquizofrenia aparecerá con posterioridad, y se relaciona con una desorganización psicótica de la conducta, que obedece a falencias serias en la organización de la personalidad" (Pág.165)

En este punto, hay una coincidencia entre Soifer y Lovaas,

> "el autismo se diferencia de la esquizofrenia infantil, ya que ésta suele seguir a un período de desarrollo normal, en cambio el autismo se presenta desde la temprana infancia"

Por lo tanto, para la autora Soifer, en casos de esquizofrenia,

> "la edad mental no llega en ninguna área de la personalidad a su edad cronológica, ni siquiera en los aspectos más desarrollados, por la gran cantidad de detenciones evolutivas".

También describe cómo es la conducta en estos casos:

> "el comportamiento de estos niños es extraño, ilógico, con tendencia a atribuir vida a los objetos inanimados, denotan escasa sensibilidad y su afectividad es pobre, responden con pasividad extrema y obediencia sumisa al contacto físico" (Pág. 165)

Aquí podemos encontrar las diferencias entre la conducta de un niño autista y uno que presenta esquizofrenia según las caracterizaciones que realizan Lovaas y Soifer de cada uno.

A modo de conclusión, Soifer nos dice

> "planteamos que ese movimiento continuo, acelerado, sin fin útil, asociado a conductas raras y a la falta de conexión social y de afectividad define a la esquizofrenia de la primera infancia y traza su diferencia con el autismo y con la simbiosis".

Dice Lovaas (1996),

> "El niño esquizofrénico presenta una conducta adhesiva, fuerte tendencia a amoldarse a los adultos. El niño autista es huraño y desobediente, tiene una necesidad compulsiva de uniformidad que no es común en la esquizofrenia infantil. El desempeño motor es mucho mejor en los niños autistas que en los niños esquizofrénicos."

Establece las siguientes diferencias:

> "El autismo se considera un trastorno profundo del desarrollo mientras que la esquizofrenia es un trastorno mental.
>
> Los síntomas de la esquizofrenia son más graves y posteriores a un período de normalidad, en el autismo se presentan desde la primera infancia.
>
> Ambos parece que se apartan del mundo y presentan conductas extrañas debido a lo cual pueden ser confundidos.
>
> El autismo es una falta de integración mientras que la esquizofrenia es una desintegración psicológica." (Lovaas, 1996)

También nos aclara que existen diversos síndromes como el de Rett, de Asperger, de Angellman y el de Williams que llegan a ser confundidos con el autismo y que a pesar de conductas similares al autismo presentan otras características.

Por lo tanto, para concluir con esta relación,

> "se debe de tener, en la medida de lo posible claridad con respecto a un autismo primario o a la presencia de conductas autistas, evaluar el caso para así proponer un tratamiento adecuado" (Lovaas, 1996)

Encontramos diferentes niveles de Autismo de acuerdo a su grado de inteligencia:

Nivel Alto

Su forma de relación es inusual extraña orientada a sus necesidades.

No hay tantas conductas estereotipadas, sin embargo se presentan actitudes obsesivas.

Presencia de representaciones mentales rudimentarias pero hay falla al utilizarse de manera significativa y propositiva.

Su juego puede ser funcional y simbólico.

Posee lenguaje de uso cotidiano y con ideas concretas, con ecolalia, inversión pronominal y fallas en el lenguaje pragmático y espontáneo.

Logran desarrollar habilidades sociales y académicas.

Nivel Medio

Su forma de relación es limitada, no mantiene una interacción espontánea

No logra verdaderos aprendizajes, se concreta a aprendizajes de hábitos.

Presenta conductas estereotipadas, como girar objetos repetitivamente.

Hay lenguaje, repetitivo sin sentido pero llegan a comprender lenguaje sencillo y concreto.

Su juego es básicamente motor y sensorial monótono y perseverante.

Pueden manipular o usar los objetos de manera peculiar para autoestimularse.

Nivel Bajo

Su interacción es mínima se mantiene indiferente y aislado.

Hay un precario desarrollo mental.

Presentan conductas estereotipadas, como girar objetos repetitivamente, siendo esta su única actividad.

No hay lenguaje y su comprensión es muy limitada. (Lovaas, 1996)

¿Se puede curar el Autismo?

No. No es posible, el autismo es una condición para toda la vida. Sin embargo, si se realiza un tratamiento efectivo, los síntomas pueden tornarse menos severos también mejorar la adaptación de estos niños al mundo que los rodea.

Existen diferentes métodos para afrontar al Autismo, de acuerdo con las características singulares de cada paciente.

Trastorno del espectro autista

Hemos mencionado antes que fue Kanner, en 1943, quien definió al autismo distinguiendo en él, a un trastorno de la relación, una alteración de la comunicación y el lenguaje, y que se caracteriza también por la falta de flexibilidad mental y comportamental.

Nos será útil efectuar un recorrido por la historia, donde se podrá apreciar cómo fue surgiendo esta clasificación, y cómo se designa hoy, en la práctica diagnóstica y clínica. Sobre este tema, se refieren G. Davison y J. Neale (año 2000):

"Existe mucha confusión en torno a la clasificación de trastornos graves que empiezan en la niñez o infancia. En el DSM II se utilizaba el diagnóstico de esquizofrenia infantil para agrupar estos estados, lo que implicaba que el autismo era simplemente una forma de esquizofrenia adulta de aparición temprana. Sin embargo, las evidencias más recientes indican que la esquizofrenia iniciada en la niñez y el autismo son trastornos distintos.

Aunque el aislamiento social y la afectividad inadecuada propios de los niños autistas pueden semejarse a los síntomas negativos de la esquizofrenia estos chicos no manifiestan ni delirios ni se convierten en esquizofrénicos al crecer.

Además, la gente con autismo no posee una prevalencia más alta de esquizofrenia en su familia, como sucede con los niños y adultos esquizofrénicos.

Las características asociadas con autismo pero no con esquizofrenia incluyen tasa más alta en varones que en mujeres, inicio en la niñez más temprana y co-existencia del retraso mental con ataques epilépticos.

> Para aclarar la diferencia entre autismo y esquizofrenia, el DSM III instituyó (y lo mantuvo el DSM III-R) el término trastornos profundos del desarrollo.
>
> Este término, insistía en que el autismo es una anormalidad grave en el proceso mismo de desarrollo y por lo tanto difiere de los trastornos mentales que se originan en la edad adulta. En el DSM IV, el trastorno autista es tan sólo uno de varios de los trastornos profundos del desarrollo" (pág. 554)

El Manual Diagnóstico y Estadístico de los Trastornos Mentales, de la American Psychiatric Asociation, (DSM IV), establece diferencias entre Trastorno Autista (Síndrome de Kanner), donde un 75 % de los casos presenta un retraso mental, y el Trastorno de Asperger (o Síndrome de Asperger).

Dentro de los Trastornos Generalizados del Desarrollo (T.P.D.) se sitúan los siguientes:

- Trastorno Autista.

- Trastorno de Asperger: donde los niños presentan un Coeficiente Intelectual elevado, y lenguaje con deficiencias pragmáticas.

- Trastorno de Rett. Es un severo retraso mental (opuesto al trastorno de Asperger).

- Trastorno desintegrativo de la niñez (Síndrome de Heller)

- Trastornos no especificados o "Autismo atípico".

El Autismo, en un sentido estricto, es sólo un conjunto de síntomas que se define por la conducta. No es una "enfermedad". Puede asociarse a muy diversos trastornos neurobiológicos y a niveles intelectuales muy variados.

Es considerado como un continuo que se presenta en diversos grados en diferentes cuadros del desarrollo.

El autor Riviére, sostiene que

"por causa de anomalías biológicas, los niños con autismo no pueden desarrollar las capacidades intersubjetivas secundarias (se refieren a reconocer a los otros como *sujetos*) necesarias para actuar internamente en las interacciones" (Pág. 42)

Esto ocurre porque

"no se activan de forma adecuada, en el desarrollo, las relaciones entre el sistema límbico y el neocortex cerebral (el frontal) que posibilitan el acceso cognitivo al propio mundo interno, así como la atribución a los demás de un mundo interno y que permiten el funcionamiento de determinadas áreas con funciones de anticipación y organización significativa de la acción. Esto explicaría los dos síntomas cruciales del autismo: la soledad y la inflexibilidad" (Riviére, Pág.61)

Es por ello, que los niños autistas tienen una mente solitaria e inflexible que no puede adquirir en las condiciones normales de interacción que se producen en el desarrollo preoperatorio humano, ciertas funciones superiores muy importantes como: el lenguaje, símbolos, destrezas de atribución de mente, ficción, engaño, cooperación con otros.

Estas son funciones que en condiciones normales de crecimiento, los niños adquieren de modo incidental e implícito, y que no son enseñadas por nadie, sino que se derivan del contacto con las personas involucradas en el proceso de crianza, o por medio de contacto directo con sus pares. En cambio, en el autismo, el niño no puede desarrollarlas por sí mismo, estas funciones superiores deben ser enseñadas explícitamente y en eso consiste la terapia del autismo.

¿Cuál es la modalidad de tratamiento indicada en el abordaje del autismo, según Riviere? Éste autor nos propone lo siguiente,

> "es necesario sustituir la estrategia única de tratamiento del autismo, por una estrategia múltiple. Justifica esta idea, explicando que todo tratamiento del autismo es sintomático, no se interviene en su etiopatogenia, ya que todavía no es conocido el origen con un nivel de detalles suficientes, pero si es posible admitir que existen ciertos principios generales abstractos que subyacen en todas las personas que tienen autismo". (Pág.62)

Esto se entiende mejor, si hacemos referencia al concepto de Espectro Autista. Esta idea fue desarrollada por Lorna Wing en el año 1979, cuando realizaba un estudio en una población de niños menores de 15 años, acerca de las deficiencias en las capacidades de relación.

ESPECTRO AUTISTA, significa

> "considerar al autismo como un continuo de diferentes dimensiones, permitiendo reconocer lo que hay en común entre las personas autistas (y de éstas con otras que presentan rasgos autistas en su desarrollo) y lo que hay de diferente entre ellas. A partir de la consideración de las diferentes dimensiones, se aclara el problema de la relación entre la unidad del autismo y la enorme diversidad de síntomas" (Riviére, Pág. 63)

Al considerar al autismo como un continuo, y no como una simple categoría, es posible definir un modo de "ser", y es posible advertir que pese a las diferencias que existen ente distintas personas con autismo, ellas presentan alteraciones en mayor o menor grado en una serie de dimensiones o aspectos específicos. Esto depende de seis factores principales:

- La asociación o no del autismo con retraso mental más o menos cognitivo.

- Gravedad del trastorno que presenta

- Edad o momento evolutivo de la persona autista.

- Sexo: el trastorno autista afecta con menos frecuencia pero con un mayor grado de alteración a mujeres que a hombres.

- Adecuación y eficiencia de los tratamientos utilizados y de las experiencias de aprendizaje.

- El compromiso y apoyo de la familia.

Aunque la adecuación de los procedimientos terapéuticos y el grado de compromiso de las familias y otras instituciones sociales son condicionantes importantes para el grado de desarrollo, también hay componentes internos que dependerán del nivel intrínseco de disfunción neurobiológica, emocional y cognitiva que condicionan y actúan también sobre la eficacia de los procedimientos terapéuticos.

Lorna Wing diferenció cuatro dimensiones principales de variación del espectro autista:

1. Trastorno en las capacidades de reconocimiento social.
2. En las capacidades de comunicación social.
3. En las destrezas de imaginación y comprensión social.
4. Patrones repetitivos de actividad.

El autor Ángel Riviére desarrolló a partir de las cuatro dimensiones propuestas por L. Wing, una descripción más extensa y propone a su vez, un conjunto más amplio compuesto por doce dimensiones que se alteran en forma sistemática en los cuadros de autismo y en aquellos que implican espectro autista.

1. Trastornos cualitativos de la relación social

2. Trastornos de las capacidades de referencia conjunta(acción, atención y preocupación conjuntas)
3. Trastornos de las capacidades intersubjetivas y mentalistas.
4. Trastornos de las funciones comunicativas
5. Trastornos cualitativos del lenguaje expresivo
6. Trastornos cualitativos del lenguaje receptivo
7. Trastornos de las competencias de anticipación
8. Trastornos de la flexibilidad mental y comportamental
9. Trastornos del sentido de la actividad propia
10. Trastornos de la imaginación y de las capacidades de ficción
11. Trastornos de la imitación
12. Trastornos de la suspensión (la capacidad de hacer significantes)

"Para cada dimensión, se establecen cuatro niveles, siendo el primero el que caracteriza a las personas con trastorno mayor, cuadro más severo, niveles cognitivos más bajos y frecuentemente alude a los niños más pequeños. También incluye a los casos que no han recibido un tratamiento adecuado. El cuarto nivel es el característico de los trastornos menos severos y define a las personas que presentan síndrome de Asperger" (Riviére, Pág. 68)

Un concepto importante introducido por Riviére, es el "intersubjetividad primaria". Se define como

"una competencia de 'sentir con', un reflejo de una motivación fundamental e innata en el hombre, compartir la mente y entenderse con el otro. Las emociones y relaciones somatotónicas son las primeras puertas por las que los niños penetran en las mentes ajenas, gracias a esa simpatía esencial que permite experimentar la misma emoción que el otro siente, en un intercambio mutuo" (Pág. 49)

La intersubjetividad primaria

"consiste en expresar cara a cara las mismas emociones que el otro expresa, y es una competencia que se puede observar ya presente en los bebés de dos o tres meses" (Riviére, pág.74)

Se relaciona también con la empatía, es decir la capacidad de ponerse en el lugar del otro, poder comprenderlo.

Riviere también plantea la existencia de la intersubjetividad secundaria, siendo esta

> "una prolongación de la primaria, ya que incluye un componente emocional, uno cognitivo e implica también una conjunción entre el afecto y la actividad cognitiva en las relaciones con los demás"

¿Cuáles son los primeros indicadores de la presencia de un trastorno autista? Riviere nos aclara que,

> "Hay coincidencia evidente entre el momento de aparición típica del autismo (9-18 meses) y el del desarrollo de las conductas de atención conjunta en niños normales. La ausencia de gestos protodeclarativos tales como señalar y de miradas y gestos de atención conjunta son, junto con la falta de juego simbólico, los indicadores más precoces del autismo"

Surge aquí la duda acerca de cuáles serían las consecuencias del trastorno del desarrollo, a nivel neuro-biológico, y donde se localizan a nivel del Sistema Nervioso Central. Sobre este punto, nos aclra también Angel Riviere,

> "Los mecanismos neurobiológicos que están implicados en el desarrollo normal de las capacidades de intersubjetividad secundaria y de atención conjunta, son los que se ven alterados en la génesis del autismo. Es posible que esos mecanismos ocurran a partir de la interrelación delicada entre las estructuras límbicas y áreas neocorticales de los lóbulos temporales y frontales" (Pág. 74)

Acerca de la Ecolalia

¿Qué es la ecolalia? Es un fenómeno verbal; cuando un niño repite casi siempre con gran fidelidad y en tono agudo, lo que escucha decir a otra persona.

Hay dos tipos de ecolalia: inmediata y demorada. Ésta última, consiste en que el niño repite una palabra o frase, varias horas después de oírla, o incluso al día siguiente.

Antes del período en que comúnmente se adquiere el lenguaje, los chicos autistas tienen problemas de comunicación. Los balbuceos, que son la forma de expresión de los bebés antes de empezar a utilizar palabras son menos frecuentes en los autistas, y transmiten menos información que la de otros lactantes.

Para los dos años de edad, la mayoría de los niños normales emplean palabras para representar objetos en su entorno, y construyen frases de una o dos palabras para expresar ideas más complejas. Como 50 por ciento de los chicos autistas jamás aprenden a hablar. Y, aún si lo logran, manifiestan muchas peculiaridades, como la ecolalia.

En el pasado, la mayoría de los investigadores pensaban que la ecolalia carecía de propósito funcional. Otros autores sostienen que puede ser un esfuerzo por comunicarse.

Otro fenómeno en el habla de los niños, es la inversión de pronombres. Dicen "Él" o "Tú", por sus propios nombres. La inversión de pronombres se relaciona con la ecolalia. Puesto que los niños autistas se refieren a ellos mismos como han escuchado a otros hablar de ellos.

También es frecuente el uso de "Neologismos". Son vocablos inventados o que se utilizan en otros contextos.

Los niños utilizan las palabras de una manera muy literal. Las deficiencias de comunicación pueden dejar una huella duradera de retraso social en el pequeño. El vínculo entre habilidades sociales y lenguaje se manifiesta por la aparición espontánea de conducta afectiva y dependiente en estos una vez que se los entrenó para hablar.

Sobre la Constitución Subjetiva

Al nacer, encontramos un pequeño ser, absolutamente dependiente del entorno familiar para lograr su supervivencia. A partir de la satisfacción de sus necesidades biológicas ligadas a sensaciones corporales, se producen los primeros intercambios con el Otro, quien mediante sus cuidados, la alimentación, la satisfacción de sus necesidades, calmará las tensiones del bebé, y éstas secuencias irán inscribiendo marcas, en ese niño.

> "Según el psiconanálisis, al nacer, hay sólo un organismo, no hay un cuerpo, ni un sujeto. Para que se arme un cuerpo, y ocurra el advenimiento de un sujeto, se hace imprescindible la presencia de otro, que lo sujete a un deseo conectado con la vida, la sexualidad, la autonomía, sosteniendo la función materna y paterna, haciéndose cargo de su crianza" (González Liliana, año 1999, pág. 49)

Lacan, presenta dos operaciones fundantes de un sujeto: Alienación y Separación.

La Alienación, donde sobreviene una relación simbiótica, dual, se caracteriza porque no hay distinción Yo / No Yo, ambos integrantes (madre e hijo) se completan, la madre desde una posición de omnipotencia, donde no necesita nada más, está completa, y el hijo que se ubica en una posición narcisista, es todo lo que su madre necesita, es todo para ella.

Esta modalidad vincular, es absolutamente necesaria en los primeros momentos de la vida del bebé, pero debe finalizar en algún momento para dar lugar a que ese nuevo sujeto pueda lograr su autonomía e independencia.

Será en la segunda operación, la Separación, fenómeno que ocurre como efecto producido por el corte, a partir de la función paterna, cuando se instale la prohibición del incesto que termina con el vínculo simbiótico y evita que ambos (madre y niño) permanezcan atrapados, arroja al infante a la exogamia, la cultura, instaura la falta, y ante la falta, surge el deseo.

Sobre esta etapa y su resolución posterior, nos dice Maud Mannoni (1976) lo siguiente:

> "El niño tiene que pasar por conflictos que son necesarios para él. Son conflictos identificatorios y no conflictos con lo real; y si bien el mundo exterior es sentido por el niño alternativamente como benévolo o como hostil, sabemos con certeza que no se trata de una situación biológica, o animal, de "lucha por la vida", sino de una situación imaginaria que poco a poco tiene que llegar a simbolizarse. En sus relaciones con sus padres, el niño tiene que aprender a dejar una situación dual (de fascinación imaginaria) para introducirse en un orden ternario —es decir estructurar el Edipo, lo cual solo puede hacerse cuando entra en el orden del lenguaje" (pág.30).

También nos aclara Mannoni (1976), sobre un momento crucial de la constitución subjetiva, aquello que J. Lacan denomina "Estadio del espejo" (6 meses, aproximadamente), y su relación con la segunda Operación Fundante, la "Separación":

> "La prueba de la separación ya había puesto en juego el vínculo imaginario del sujeto con el otro. En un segundo momento, el niño asumirá su imagen (como totalidad) y la imagen del semejante como diferente a la suya. En el momento en que reconoce su propia imagen es cuando se instala en él el conocimiento de sí mismo. El instante de júbilo experimentado significa una victoria sobre el enfrentamiento especular, enfrentamiento que, en el psicótico, provoca la autodestrucción, la destrucción o la negación del Otro. El bebé recibe ese conocimiento de sí mismo como una revelación a través de la imagen mediatizadora de su madre o del sustituto de ésta (y cuando falta esa imagen entonces el niño no puede superar esa prueba y se refugia en la destrucción). Este encuentro con su imagen (a través de la del otro) introduce al niño en el conocimiento de sí mismo y del otro, a través de una crisis de celos identificatoria en la cual se juega la suerte de la realidad. Sumergido en una alternativa, el sujeto tiene que escoger entre pactar con el Otro o destruirlo. En el psicótico, la destrucción reemplaza toda posibilidad de simpatía" (pág. 109)

Acerca de las dos operaciones fundantes del psiquismo y la discapacidad, plantea la psicopedagoga Liliana González (1999):

> "Es importante analizar qué ocurre con este proceso Alienación/Separación cuando el niño que nace y aparece en la escena familiar, presenta una deficiencia genética u orgánica. El proceso de subjetivación se ve alterado.
>
> La función materna antes mencionada, con sus características de sostén narcisístico se dificulta porque ese niño no cumple con la ilusión soñada de perfección y eso repercute y se sobreagrega al daño orgánico" (Pág. 50).

Surge aquí, nuestra duda acerca de cuáles son las particularidades del proceso de subjetivación, en el caso del autismo.

La autora Favre (1997) nos aclara sobre este punto,

> "Los últimos desarrollos psicoanalíticos a partir del autismo, dan cuenta que no sólo la imagen libidinizada del cuerpo se constituye en el campo del Otro, sino también lo real del cuerpo. Un niño autista por no encontrar un lugar en el otro, no registra en su cuerpo, ni dolor no frío, por ejemplo.
>
> En la infancia se da o no la constitución de la subjetividad, de la función simbólica como un segundo nacimiento.
>
> El cuerpo implica la incorporación de marcas significantes, que hacen al cuerpo libidinal y al ordenamiento del sensorio. Pero también a la inversa, niños que nacen con trastornos que dan cuenta de un compromiso orgánico, tiene una importancia enorme en la constitución del aparato psíquico. En caso de lesiones masivas del Sistema Nervioso Central, significan un límite para el Advenimiento del Sujeto" (Pág. 62)

Esta autora sostiene que en el autismo (así como en la discapacidad en general) no es el sujeto quien está discapacitado, sino que son sus funciones las que se discapacitan.

¿Qué es lo que se juega a nivel de la subjetividad? Podemos vislumbrar la respuesta en la siguiente cita,

"En el débil está comprometida la movilidad del significante, está suspendida su función. Lacan dice que "la debilidad es del significante". Esta contracción del significante se encuentra en distintas estructuras (psicosis, debilidad psicosomática) pero no en todos el sujeto ocupa el mismo lugar.

En este encuentro entre el Sujeto y su Otro, cuando hay una disfunción neurológica o de otro tipo, tenemos que tener en cuenta todo lo que significa la ilusión-desilusión por parte de los padres, cómo pueden procesar lo que pudo ser vivido como daño narcisístico.

El lugar que ocupa el niño en la estructura redefinirá ese real. Así, encontramos niños con determinados trastornos en el desarrollo pero con posicionamientos diferentes respecto a la subjetividad" (pág. 64).

En relación al cuerpo de los niños autistas, la autora Silvia Tendlarz (1994) postula,

"No hay atribución de un cuerpo en los niños autistas. La falta de extracción del objeto (a) impide que se estructure la consistencia corporal puesto que esta "pieza despegada del cuerpo" no logra alojarse en el punto de falta en el Otro. Estos niños se presentan como sujetos que no llegaron a constituirse como un ego, en un estado preespecular sin tomar conciencia de sí mismos como cuerpo. Se desplazan en un silencio inefable equivalente al real del universo cuántico o del macrocosmos planetario.

Las coordenadas espacio-temporales de los niños autistas son particulares. El universo de éstos es, como el del sujeto "lacaniano", análogo a la banda de Moebius que carece de interior y de exterior. Sin embargo, el universo de los autistas no se confunde con la "bidimensionalidad" teorizada por Meltzer para la psicosis" (Pág. 138)

Esta autora realiza una distinción entre autismo como una entidad acabada y un autismo secundario, fundamenta esta división a partir de los resultados obtenidos por los tratamientos psicoterapéuticos,

"Se considera que en general los tratamientos que producen cierta salida del encierro autista ocurren en psicosis cuyo "autismo" nombraba más bien su desconexión con el mundo exterior, por lo que se trataría de un Autismo secundario. Lo propiamente autista es el despegue del

Otro correlativo a la anulación de toda direccionalidad e incluso de presencia.

No existen autismos puros —algo que ya fuera señalado por Colette Soler-. Deben ser más bien, considerados como un polo, "un rechazo de entrar en la alienación, deteniéndose en el borde", que los lleva a aparecer como "significados del Otro" (hablan por ellos y buscan un sentido a su conducta). Caracteriza a los niños autistas por el sentimiento de persecución (a través de la voz y la mirada), la anulación y el rechazo de toda intimación o llamada proveniente del Otro. A partir de esta polarización, las psicosis en los niños se manifiestan como formas mixtas. Esto permite zanjar la polaridad autismo primario y autismo secundario. Podemos entender así que elementos estructurales se ponen en juego en el autismo planteado fuera de su devenir ulterior" (Pág. 136)

En referencia a los primeros tiempos de la constitución subjetiva, Marisa Rodulfo, a partir de una lectura de Piera Aulagnier, nos refiere,

"Si se produce una pérdida, ésta es representada como mutilación en la simbolización del cuerpo, y como consecuencia, un agujereamiento corporal. Se produce una desligadura, y el desmantelamiento de una zona erógena. Un agujero, "es", su positividad se despliega en que constituye o bien una pérdida de la actividad ligada a ella, y por consiguiente, una pérdida de cuerpo.

El niño, siente temores de estrellarse, caer en un abismo, esparcirse, explotar, y las reacciones de encapsulamiento protegen la parte dañada y taponan, el pánico de ser destruido, pero ello trae como consecuencia que el funcionamiento psíquico quede dañado e inmovilizado a la vez."

Si un bebé interpreta que se le niega el contacto intersubjetivo, le resultará más fácil refugiarse en sensaciones (llamado autoerotismo negativo).

En aquellos bebés con daño orgánico, y/o compromiso neurológico, el entonamiento, o relación empática con la madre resulta dificultoso, y se intensifica la tendencia a refugiarse en sensaciones.

Las reacciones autistas hacen que en lugar de llamar al Otro, el niño se refugie en *objetos y figuras autistas de sensación*

Según F. Tustin (1989),

> "El empleo masivo y excluyente de la encapsulación autogenerada dominada por sensaciones, constituye el rasgo distintivo del autismo".

Los niños autistas se envuelven en sus propias sensaciones corporales y crean su propia cobertura protectiva que les permita vivir desconociendo su dependencia de los otros.

Estos niños realizan equivalencias entre los objetos y las sensaciones que esto producen, así surge lo que Tustin denomina *"Figura autista de sensación"*. No son las figuras de un objeto particular, no aluden a la representación de ese objeto, sino que esas figuras son recreadas corporalmente por la huella de la sensación.

Aquí es muy importante no confundir el concepto *"objeto figura de sensación"* con el *"objeto transicional"* descrito por D. Winnicott. Un objeto transicional, para un niño saludable, tiene un significado diferente; cumple con la función de establecer un puente entre la subjetividad en desarrollo, de ese niño mismo y la alteridad, es decir, el niño reconoce al Otro en su diferencia.

El objeto transicional no representa ni la subjetividad, ni el mundo objetivo, se encuentra entre ambos.

En el caso de los niños autistas, hay un fracaso en la construcción de las transicionalidades. El niño carece de la capacidad para metamorfosear a los pequeños objetos y transformarlos en juguetes. Quedan reducidos a una pura objetalidad, pura cosa real, desprovista de lo lúdico, pura sensación que no tramita carga fantasmática alguna. Es por ello, que utiliza autitos, muñecos sólo para reproducir sensaciones y no en su aspecto lúdico.

El objeto transicional cumple una función insustituible por la transferencia afectiva ligada a la función que cumple en la economía libidinal, y no por la mera sensación que produce. En cambio, si un objeto autista de sensación se pierde, el niño lo siente como si hubiera perdido una parte de su cuerpo, pero el objeto podrá ser remplazado prontamente por otro como si fuera el mismo. Lo que cuenta para él, es obtener las sensaciones idénticas por él requeridas.

Por lo tanto, podemos apreciar que esta protección, que brindan los objetos, es en realidad ficticia, ya que se transforman éstos en obstáculos para que el niño pueda desarrollar medios de protección genuinos, y le dificulta entrar en contacto con los seres humanos que lo rodean.

El niño autista, se refugiará en sensaciones aisladas y esa no-integración de las mismas puede ser tan perjudicial para su funcionamiento mental como un daño cerebral y puede llevar a un daño cerebral no existente desde los orígenes.

3

Metodología

¿Qué posibilidades concretas hay de utilizar a la música como herramienta terapéutica en el abordaje del autismo?

Para la realización de este trabajo se plantean los siguientes objetivos:

Objetivo General: Especificar cómo se efectúa el abordaje de niños autistas por medio de la música en la ciudad de Córdoba.

Objetivos específicos:

1. Efectuar un rastreo bibliográfico de los antecedentes del tema: Efectos de la musicoterapia en el autismo.

2. Definir el Autismo y sus características específicas.

3. Conceptualizar a la Musicoterapia.

Teniendo en cuenta los objetivos planteados para el siguiente trabajo, la investigación se desarrolló por medio de un estudio de tipo descriptivo. Este estudio, se ocupa del descubrimiento o la comprobación de la probable asociación de variables.

En este trabajo, aludimos a las variables "autismo" y "musicoterapia".

En un primer momento se desarrolló y conceptualizó a cada variable, por separado y se realizó una síntesis entre ambas, dando cuenta de cómo ocurre esa relación.

Método de recogida de datos:

Una entrevista es una herramienta que tiene por finalidad reunir datos requeridos para la verificación de hipótesis en una investigación.

Para recabar la información necesaria, se decidió tomar entrevistas focalizadas a informantes clave.

Dice Sabino (1996),

> "El investigador se sitúa frente al investigado y le formula preguntas, a partir de cuyas respuestas habrán de surgir los datos de interés. Se establece así un diálogo peculiar, asimétrico, donde una de las partes busca recoger informaciones y la otra se nos presenta como fuente de estas informaciones" (Pág. 122)

Se realizaron diez entrevistas a diez profesionales que aplican música para el abordaje del autismo, en Instituciones de la ciudad de Córdoba.

La entrevista focalizada, se caracteriza por tratar sobre un único tema. El entrevistador deja hablar al entrevistado proponiéndole apenas algunas orientaciones, pero cuando éste se desvía del tema original y se desliza hacia otros distintos, el entrevistador vuelve a centrar la conversación sobre el primer asunto.

Estas entrevistas se caracterizan por que se las utiliza en situaciones experimentales con el objetivo de explorar a fondo alguna experiencia vivida en condiciones precisas. Las preguntas de la entrevista focalizada, están orientadas a recabar información sobre cómo realizan su trabajo, para conocer cómo es la modalidad de trabajo de cada profesional.

Muestra

Para la muestra, las personas interrogadas tienen que ser elegidas según la posibilidad de que ofrecerán las contribuciones buscadas. Se realizó una muestra de las personas que trabajan en el área que nos interesa

Dice Selltiz (1980),

> "El informe de una experiencia también proporciona un sumario del conocimiento de especialistas cualificados acerca de la efectividad de varios métodos y procedimientos para llevar a cabo objetivos específicos. En lugar de un conocimiento más definitivo, esta información puede ser de enorme valor como guía para las mejores prácticas en un campo determinado" (Pág. 138)

La muestra es un muestreo no aleatorio.

Sobre la muestra intencionada, Sabino (1996) explica

> "Una muestra intencionada, escoge sus unidades no en forma fortuita sino completamente arbitraria, según características que para el investigador resulten de relevancia" (Pág. 91)

La población, estuvo formada por diez profesionales que se desempeñan en diez instituciones distintas de la ciudad de Córdoba.

Instrumento de recolección de datos.

Consigna:

"Soy alumna de la Facultad de Psicología de la U.N.C., y estoy realizando el trabajo final para acceder al título de Licenciatura en Psicología; estoy investigando en diversas instituciones de la ciudad de Córdoba cómo se realiza el tratamiento del Autismo desde un abordaje con la Música. Para ello, estoy entrevistando a los profesionales de cada institución para que relaten cómo es su experiencia y práctica en el tratamiento con los niños"

Instrumento de recolección de datos

Datos identificatorios:..

Institución:...

1) Profesión

2) Acerca de la elección del trabajo con música para abordar el autismo.

3) Objetivos y modalidad de trabajo:
    a)   Uso de instrumentos musicales
    b)   audiciones musicales (estilos musicales empleados)
    c)   empleo del trabajo vocal
    d)   creación de instrumentos musicales

4) Ventajas y desventajas de la aplicación de la música

5) Posibilidad de integración posterior del niño a un grupo.

6) Acerca del trabajo con el silencio como concepto

7) Relatar cómo se estructura o planifica una clase (distintos momentos)

4

Procesamiento y Análisis de los datos

Para procesar la información obtenida, se aplicó un Análisis de Datos Cualitativos.

> "El sentido del análisis de datos en la investigación cualitativa consiste en reducir, categorizar, clarificar, sintetizar y comparar la información para obtener una visión lo más completa posible de la realidad objeto de estudio. (G. P. Serrano, pág. 102)

Se efectúa una búsqueda de tendencias, tipologías, regularidades o patrones en las respuestas obtenidas.

> "Este modelo de análisis busca la objetividad no en la cuantificación, verificación y contrastación numérica del dato, sino en el significado intersubjetivo" (Pág. 104).

Se elaboraron categorías de análisis a partir de los conceptos clave de la investigación, y en base a ellos, se analizó el material recabado durante las entrevistas.

Tomando las categorías como punto de referencia, se encontraron semejanzas, coincidencias y divergencias sobre los temas abordados en el presente estudio.

Análisis Cualitativo de los datos

Se analizaron las respuestas brindadas por los entrevistados a partir de las categorías, obtenemos los siguientes datos.

Sobre la elección de la música para el abordaje del autismo infantil, algunos entrevistados mencionaron que no fue por una elección propia el trabajar con música aplicada al autismo, sino que se enfrentaron con este trastorno, cuando comenzaron a dictar clases de música en escuelas e institutos especiales.

No ha habido en esos casos, una formación previa para abordar esta patología. Esta situación fue muy angustiante para los docentes, pero lo resolvieron apelando a los recursos propios de la profesión, y a la creatividad de cada uno.

Tres entrevistados se formaron para trabajar en discapacidad y se posicionan desde la teoría de la Musicoterapia, y desde ese marco teórico trabajan con sus pacientes.

Todos coinciden en que la música es un lenguaje no-verbal, muy importante para establecer comunicación, que facilita la expresión de personas que presentan trastornos severos en su personalidad y específicamente en el caso del Autismo, es una herramienta altamente eficaz, porque prescinde de lo verbal, es menos ansiógena que un tratamiento verbal, no obstante, no lo reemplaza:

> "A veces es complicado ponerse a contarle a alguien extraño
> lo que le pase y a veces, no es tan difícil, sentarse con alguien y
> ponerse a cantar, o tocar un instrumento"

Así, la música sirve para:

> "Abrir nuevas vías y canales de comunicación".

Se trabaja desde la senso-percepción, lo vivencial:

"Yo planteo lo musical desde lo vivencial, desde el movimiento, desde la percepción, desde las senso-percepciones".

Sobre la profesión de los entrevistados, se obtienen los siguientes datos:

De las diez entrevistas realizadas, se obtienen los siguientes datos acerca de las profesiones.

Entrevistado	Profesor de música	Musicoterapeuta	Músico	Estudiante	Fonoaudiólogo
N° 1	X				
N° 2	X		X		
N° 3	X		X		
N° 4	X	X			
N° 5	X		X		
N° 6	X				
N° 7				X	
N° 8	X				
N° 9	X				
N° 10					X

A través de la información otorgada, se obtuvo que aquí, en la ciudad de Córdoba, quienes realizan abordajes del autismo mediante la música, en su mayoría son profesores de música, recibidos en Conservatorios o Escuelas de Música.

Además de ser profesores de música, algunos también son músicos (instrumentistas), dos entrevistados son pianistas y uno de ellos es guitarrista.

En el siguiente gráfico también podemos apreciar la distribución de los datos, y cuál es la profesión de cada entrevistado.

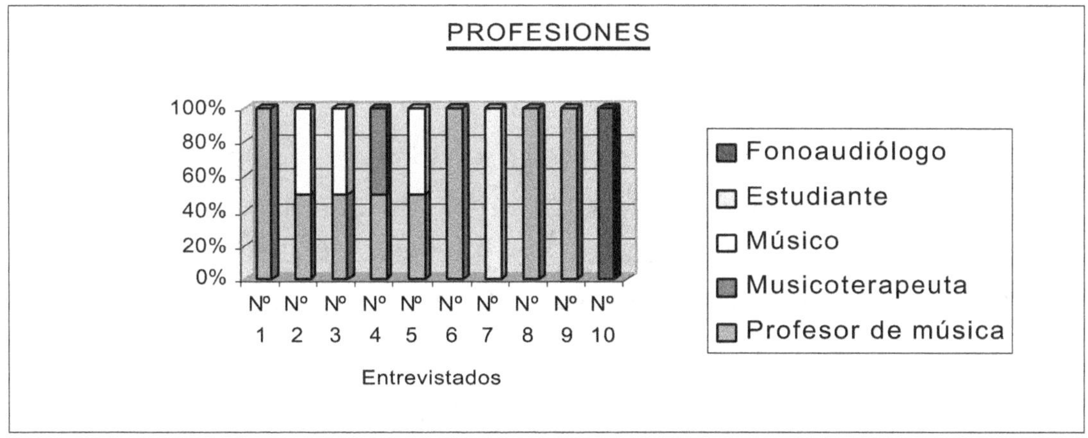

Acerca de la modalidad de trabajo, todos los entrevistados utilizan instrumentos musicales para trabajar con los niños. Algunos entrevistados conceptualizan al instrumento como a una herramienta para hacer algo, no es la ejecución del instrumento la finalidad, lo que importa, sino lo que se obtiene mediante su uso:

> "un instrumento, en el sentido de un utensilio que sirve para acceder a algo, para que algo suene".

Se aplican para la exploración sonora, de los distintos timbres, los movimientos corporales a los cuales apelan para su ejecución.

Algunos entrevistados marcan una diferencia entre instrumentos convencionales e instrumentos no-convencionales. Éstos últimos, también conocidos como Cotidiáfonos, son aquellos que:

> "Son instrumentos para sacudir, frotar, chocar, ese tipo de cosas, con materiales tipo botellas de plástico, cosas con las que los chicos están muy familiarizados"

Otros manifiestan no estar de acuerdo con esa distinción, pero en la práctica, reconocen trabajar con ambos tipos.

Todos los entrevistados crean instrumentos con sus alumnos (Cotidiáfonos). Los más fabricados son, tambores con tarros de pintura, flautas, sikus y palos de lluvia con cañas y tubos, campanas y xilofones con botellitas llenas con agua.

Un entrevistado refirió que en el instituto donde trabaja, los niños más grandes construyen instrumentos para los más pequeños, así como también han realizado talleres donde los padres de los alumnos también construían instrumentos para sus hijos.

Otro entrevistado contó que para conseguir los elementos para construir los cotidiáfonos, salen por el barrio y piden a los vecinos cosas que no utilicen, como los tarros vacíos de pintura.

Podemos apreciar, que en la construcción de los instrumentos participan muchas personas, colaborando y aportando en la fabricación de los mismos.

Los instrumentos son elaborados por los alumnos, según sus posibilidades motoras, y un entrevistado también menciona que es muy frecuente que los alumnos reflejen aspectos propios, en la construcción, se proyectan aspectos de su personalidad en las características del instrumento realizado.

Sobre las audiciones musicales, todos los entrevistados las emplean, se trabaja con todos los géneros musicales, no hay ninguna valoración de un estilo musical por sobre otro. Algunos entrevistados, descubrieron la preferencia de los niños por la música étnica, o llamada "de mundos", con mucha percusión, y también la música tranquila, al estilo de músicos como "Enya", "Vangelis" para tranquilizarse y relajarse.

Un entrevistado menciona que las canciones utilizadas para trabajar, son canciones infantiles que deben tener letras claras, buena dicción por parte de sus intérpretes, ser en idioma castellano, para estimular el desarrollo del lenguaje en aquellos niños que presentan dificultades en el habla (como es en el caso del autismo infantil).

Surge también una cuestión muy significativa, tanto la posibilidad de trabajar con audiciones y con instrumentos musicales dependen directamente de los recursos económicos con los que cuente la Institución en ese momento.

Algunos entrevistados expresaron malestar frente a la situación económica actual, que trae como consecuencia que en una institución, actualmente no tengan un grabador ni equipo de música, para trabajar. En este caso específico, el profesor lo resuelve haciendo audiciones "en vivo y en directo", cantando a sus alumnos *a capella*, o acompañado por algún instrumento musical, como flauta dulce o guitarra (estos instrumentos son de su propiedad, no pertenecen a la institución)

Por lo tanto, también se ve afectado el uso de instrumentos convencionales, que son muy costosos.

Sobre el trabajo vocal, manifiestan la importancia que tiene para los niños con autismo el hecho de trabajar con su propia voz, sacarla afuera, explorarla, vocalizar cuando sea posible hacer juegos vocálicos, silabeos y canciones simples.

Se menciona que cuando algún niño no canta, participa de la actividad con su presencia, ya que aunque no muestre señales visibles de participar activamente, está registrando todo lo que ocurre.

> "Yo me acuerdo que estaba cantando una canción y este colgado, un guaso ahí en el rincón, toda la hora, que no hizo nada, digo uno, hubiera dicho: "Este guaso no hizo nada", en esa época venía dos veces por semana, ahora vengo todos los días, y yo volvía a la semana siguiente y ése que no había hecho nada, estaba tarareando la canción que yo había cantado, quiere decir que el guaso "está".

Dos entrevistados trabajan con grabaciones de las voces de los alumnos en grabadores periodistas.

Uno de ellos, implementó un casette viajero, con canciones cantadas por los niños que llevan a su casa para que sus familias conozcan cómo se trabaja en las clases. También graban los sonidos diarios, de la calle, de una obra en construcción, de la cocina, de un baño y trabajan sobre eso.

Un entrevistado tiene un mini-estudio de grabación casero en su vivienda, y allí graba las voces y los sonidos de los alumnos, después los mezcla con otros sonidos, los superpone y se los da para escuchar.

En relación a las ventajas de la música, todos los entrevistados expusieron las posibilidades de expresión, comunicación que llega a niveles muy profundos del ser. La música es un lenguaje universal.

También aparece como un recurso para la motivación del niño, y tratándose de niños con trastorno autista, se convierte, por excelencia, en el principal canal para comenzar a trabajar con ellos, debido a que se disminuyen los niveles de ansiedad por las motivaciones y se posibilita empezar a establecer los primeros vínculos comunicativos.

En ese caso, la música favorece el desarrollo de la intencionalidad, la iniciativa del niño; se trabaja para mejorar la posibilidad de funcionamiento atencional.

Otra ventaja, es el hecho de que las consignas dictadas en el aula, si son hechas a través de una melodía (consignas cantadas) son mejor comprendidas por el niño:

> "pareciera que el chico le presta más atención a lo que se le dice, si es mediante una melodía."

Surgió también la postura de un entrevistado que aclaró que para él, la música no presenta ninguna ventaja por sí misma, sino que permite *"hacer con"*, o *"junto con"*, al igual que el trabajo con cualquier otra actividad grupal, es decir, la importancia reside en hacer algo, en compañía de alguien. Algunos entrevistados expresaron que no encontraban desventajas en el uso de la música.

Una desventaja planteada por un entrevistado, es que ha notado que a sus pacientes, los sonidos muy fuertes los altera con mucha facilidad, y sostiene que hay que ser extremadamente cuidadoso con eso, ya que se pueden provocar efectos indeseados en las personas.

También aparece como desventaja para un entrevistado, que los pacientes no sepan manejar todos los instrumentos musicales, porque si ellos supieran ejecutarlos, se ampliarían las posibilidades en cuanto a los recursos musicales disponibles.

Una desventaja planteada, es que ante la inflexibilidad mental propia del autismo, el uso de la música debe ir variando, de a poco, para evitar el acostumbramiento o la aparición de conductas obsesivas que caracterizan a este trastorno:

> "Las desventajas pueden estar en el hecho de que sean niños muy rígidos, los chicos autistas son poco flexibles, de alguna forma, hasta de actividades compulsivas, si se acostumbran, eso es lo que puede llegar a jugar en contra. Uno tiene que evaluando los aspectos para ver como se va dosificando esta cuestión, como se usa la música, se trata de que haya variantes para que el chico se no tenga una actitud obsesiva."

Otros entrevistados mencionaron que una desventaja puede ser que a la persona con la que se está trabajando, no le guste la música. Se planteó que la música no es para todo el mundo, no a todas las personas les gusta hacer lo mismo, y la actividad musical se incluye dentro de esta distinción.

En resumen, las desventajas y las desventajas son relativas, dependen de la personalidad de cada paciente, de sus gustos y sus preferencias.

De los diez entrevistados, dos relatan que no se realizan abordajes individuales en esas instituciones, sí expresan su acuerdo acerca de la posibilidad que brinda la música para un niño que esté recibiendo tratamiento individual, de integrarse a un grupo.

Por otro lado, un entrevistado se manifiesta en contra de los abordajes individuales del autismo, porque plantea que precisamente los aspectos a trabajar en el niño, son la sociabilización, la comunicación, el juego y la interacción, y la forma de llevarlo a cabo, es en un grupo.

Todos coinciden en que es un proceso largo y muy lento, pero posible, siempre y cuando, al niño le agrade la música.

Acerca del silencio, tres entrevistados lo definen como un sonido, y un parámetro más de la música, al igual que el ritmo.

Un entrevistado lo define como a un *"opuesto del sonido"*, *"sonido y silencio, opuestos complementarios"*. El silencio permite apreciar la producción anterior, otorga una concientización de la producción.

> "yo hago la clase, tocamos, cantamos, escuchamos, hacemos silencio, ésa es otra cosa que trato de laburar mucho, por esta lógica; es muy difícil hacer música si no sos capaz de escuchar, y no podés escuchar si no sos capaz de hacer silencio"

Otro entrevistado plantea una distinción entre dos tipos de silencios:

1. El silencio que aparece en el comienzo de alguna actividad donde se produce una situación incómoda frente a lo desconocido.

2. El silencio propio del "insight", momento crucial de la interiorización de algo que ocurrió.

Un entrevistado refiere que el silencio es muy importante porque posibilita una conexión muy fuerte con el paciente, por medio de la mirada, y es una vía de comunicación muy intensa, no-invasiva, implica introducirse en el lenguaje propio del paciente:

> "en el caso nuestro del autismo, es un soporte difícil de soportar, hay que bancarse estar en silencio 40 minutos con una persona que te sostiene la mirada o que te huye y no intervenir, soportar la ansiedad, las cosas propias, que entran a tallar en estas instancias"

También es difícil el trabajo con el silencio durante mucho tiempo porque los niños se distraen con mucha facilidad, y si no les resulta entretenida la actividad propuesta, se retiran de la clase o comienzan a hacer otra cosa.

El silencio, permite articular al lenguaje, es *"el elemento plástico, la hoja en blanco, o sea el silencio es el soporte del trabajo"*.

Es un código no-verbal y como tal crea un vínculo diferente entre los niños. También como código sirve para marcar el inicio y el final de la sesión.

Sobre la estructuración de la clase, todos manifestaron que planifican la clase de la misma forma en que lo harían si fuera para una escuela "normal".

Dos entrevistados, coinciden en su modalidad de planificar la clase, realizando un diagnóstico musical del paciente previo a cualquier trabajo iniciado:

> "hacemos primero un diagnóstico, que no niega al diagnóstico psiquiátrico o psicológico, en lo más mínimo, pero lo que sí hacemos es más que nada el diagnóstico para nosotros tiene que ver con las características expresivas de la persona"

> "Siempre hay que ver cada caso y hacer un diagnóstico antes de usar la música "para". No todo el mundo, no a todo el mundo le sirve la música. Sirve en muchos casos cuando la

persona está abierta, receptiva, cuando puede usar esos elementos, en una persona que no los puede usar va en contra"

Un entrevistado menciona que siempre comienza de la misma manera, con una canción ejecutada con la flauta dulce, a manera de rito y apertura (al mismo tiempo) que indica que se inicia el taller.

Otro entrevistado da comienzo con canciones, siempre igual, pero cada paciente tiene su propia canción de saludo, que lo identifica.

El desarrollo de la clase incluye trabajo con recursos musicales, instrumentos, canciones, audiciones, bailes, y tambіén otros elementos como sábanas, pelotas, aros, y dibujos, que también hacen al trabajo grupal de una manera lúdica.

Para el cierre de la clase, un entrevistado sugiere que se puede utilizar al silencio, un color, un aroma especial, es decir, algún estímulo sensorial, prescindiendo de lo verbal, usando algo simbólico.

Todos los entrevistados coinciden en planificar previamente las actividades de las clases, pero las adaptan según las sugerencias y demandas de los alumnos, y van adecuando esas actividades a partir de lo que los niños indican y de la forma en que quieren trabajar. Los niños guían la modalidad de trabajo que quieren desarrollar.

Un entrevistado nos refiere que desde el momento en que se inicia el tratamiento, se forman pequeños grupos de dos a cuatro niños, que deben concurrir a la institución acompañados por su madre o por la persona que se encuentra a cargo del niño. Esa persona sirve como nexo entre los terapeutas y el niño, actúan como co-terapeutas.

Los tratamientos son a nivel grupal, pero individualizados según la necesidad de cada niño. Es decir que hay un programa grupal, que incluye un programa individual para cada uno de los niños.

Un dato muy significativo es el trabajo que se realiza a partir del Ritmo.

Este parámetro es definido de distintas formas por los entrevistados, pero todos hacen hincapié en la importancia que tiene, ya que *"el ritmo organiza"*.

Se establece una distinción en el sentido de una evolución, en un principio el ritmo es lo más primitivo, lo natural, viene acompañando a la persona desde el útero, se perciben los sonidos fisiológicos y viscerales.

En cuanto a nivel de complejidad y desarrollo, la secuencia es:

1. Ritmo
2. Melodía
3. Armonía

Un entrevistado menciona que trabaja con el ritmo vivencial, el que cada alumno trae, *"como un ritmo de vida"*. A partir de ahí, toma el concepto de *"polirritmia"* y trabaja con los ritmos que cada uno propone y presenta.

Todos los entrevistados, recurren a la percusión. Primero en el propio cuerpo, explorar los sonidos, después en el cuerpo de los compañeros, del profesor, y también con instrumentos.

Se trabaja al ritmo desde la senso-percepción, lo vivencial, se experimenta en el cuerpo, en el ambiente cotidiano, se ejecutan también distintos instrumentos (tambores, maracas)

Todos los entrevistados coinciden en que el ritmo es un eje fundamental para trabajar con los niños en las clases, a partir de diversos elementos.

5

Conclusiones

El objetivo general de esta investigación consistió en **especificar cómo se efectúa el abordaje de niños autistas por medio de la música en la ciudad de Córdoba.**

La pregunta que nos hicimos, fue **¿Qué posibilidades concretas hay de utilizar a la música como herramienta terapéutica en el abordaje del autismo?**

A través de las entrevistas, esa pregunta ha encontrado su respuesta, se puede afirmar que sí existen posibilidades concretas de utilizar la música como herramienta terapéutica y que este trabajo se está desarrollando en la ciudad de Córdoba, siguiendo distintas modalidades según el criterio del profesional a cargo de la tarea.

Los pacientes con trastorno autista son beneficiarios de este tipo de abordaje, y los profesionales que se desempeñan en esa actividad, han logrado resultados muy favorables y prometedores en esta disciplina.

Por lo tanto, puede establecerse que el objetivo general fue alcanzado por medio de la información recabada en las entrevistas.

Sintetizaremos la información; se hallaron muchas coincidencias en las respuestas de los entrevistados.

Aparecen palabras que se repiten con frecuencia, y el pensamiento común que subyace, la idea de que la música sirve como **"puente"**, que **"comunica"**, es una **"vía"**, un **"canal"** de expresión, un **"lenguaje no-verbal"** para que niños con trastorno autista puedan expresarse en una forma diferente, sin necesidad del lenguaje verbal.

La música es un **"código común"** entre varias personas que comparten una actividad y eso implica compartir vivencias, exploraciones, a veces de modo lúdico y libre y en otras ocasiones dirigidos, pero siempre los resultados serán fenómenos singulares y particulares generados en un determinado momento, único e irrepetible, a partir de los aspectos creativos y espontáneos de cada uno.

> "Tiene que ver con esa cosa emotiva y primitiva de la música,
> una cosa de repetición siempre, pero que nunca es igual".

Surge una pregunta crucial para esta investigación.

¿Es Musicoterapia, lo que están realizando?

De los diez entrevistados, sólo tres definieron su práctica tal como la proponen R. Benenzon y otros musicoterapeutas.

Un entrevistado es Musicoterapeuta recibido en la Universidad del Salvador en Buenos Aires, (donde se estudia esta carrera).

Otro entrevistado, no es Musicoterapeuta, pero obtuvo su formación asistiendo a distintos congresos, cursos y talleres sobre Musicoterapia.

Ocho entrevistados son profesores de música y adaptan los contenidos de la materia "Música", a una escuela especial, atendiendo a las necesidades de los alumnos tomando como ejes fundamentales:

- Expresar
- Compartir y disfrutar de las actividades.
- Brindar un espacio distinto para la comunicación
- Ampliar el espectro de sus posibilidades y alternativas.

Compartir una actividad, en este caso, trabajar mediante la música, es un aspecto muy importante, y un eje para trabajar en el abordaje del autismo, teniendo en cuenta el déficit que conlleva este trastorno, en cuanto a las posibilidades de socialización, de relación interpersonal, y del auto-reconocimiento del niño a través de la actividad generada.

Otra cuestión fundamental para el abordaje del autismo, es el tema del silencio, saber cómo manejarlo, instrumentarlo para la comunicación interpersonal, tolerando los niveles de angustia y ansiedad que genera en la práctica.

La música también ayuda a establecer una rutina y estructurar a los niños con trastorno autista, esto es muy importante, ya que en estos casos, los niños presentan dificultades severas a nivel de la organización temporal, se ve afectada la función de anticipación, y a través del trabajo con música, pueden compensar esas dificultades propias del trastorno.

A través de la investigación realizada, se observó que no existe un intercambio de experiencias y conocimientos entre los profesionales de las distintas instituciones visitadas, lo cual es negativo para el desarrollo de esta disciplina, ya que si hubiera comunicación y conexión entre los profesores, podrían enriquecerse unos a otros con las diversas experiencias que cada uno ha transitado.

A partir de la información recogida en las entrevistas se vislumbra la falta de un lugar o espacio común para fomentar la discusión, reunión e intercambio de ideas, opiniones, modos, estilos para fortalecer la actividad desarrollada.

También se hizo evidente la ausencia de espacios académicos donde estudiar y capacitarse en forma continua para el trabajo con Musicoterapia, tal como se la está desarrollando en otras ciudades (Buenos Aires, Rosario y La Plata). La carrera Musicoterapia no se dicta en ninguna universidad de la ciudad de Córdoba.

Aquí en Córdoba, se han dictado algunos cursos y seminarios breves sobre la Musicoterapia, pero no en forma permanente, sino más bien son jornadas esporádicas, en Instituciones privadas.

A manera de síntesis final, conclusiva y totalizante, refiriéndome específicamente a la pregunta que planteara en los términos: **¿Qué posibilidades concretas hay de utilizar a la música como herramienta terapéutica en el abordaje del autismo?** puedo responder de manera efectiva en virtud de todo el trabajo realizado, que sí es posible trabajar con la música como herramienta terapéutica, quiero decir también que esa posibilidad es una necesidad para brindar el apoyo necesario al niño con trastorno autista.

Están los terapeutas con la modalidad que mencionara, están los instrumentos con la diversidad que los mismos presentan en cada caso, están las Instituciones que se preocupan por este problema y está el niño autista, portador de la problemática que necesita y recibe, como hemos visto, el trabajo aludido y que hará posible en el transcurso del tiempo todo el enriquecimiento que este trabajo merece, para ser cada vez más reconocido y apoyado.

6

Entrevistas

1. Profesión: Maestra de Música y Psicopedagoga.

La escuela recibe a niños y jóvenes con déficit cognitivos leves. Hay un grupo de moderados (mayor dificultad).

Autismo específicamente no hay en este momento. Hemos tenido alguna vez niños con muchas dificultades de personalidad, con rasgos autistas (algunos casos) hace 2 ó 3 años, casi nadie con esa patología.

Cuando llegan a la Institución es porque han fracasado en el jardín o se dan cuenta que es raro o distinto, les parece mejor una escuela para chicos especiales, de débiles que una escuela para niños con trastornos de la personalidad.

Cuando se los ha podido manejar, se los ha podido contener, uno en un grupo de 7 u 8 chicos. Pero hace mucho que no hay.

Yo soy Prof. de música y trabajo en un proyecto junto a la Psicomotricista, en todos los cursos más bajos, los pre-primarios y primarios. Trabajamos en apoyo y complementariedad entre las dos áreas. Yo planteo lo musical desde lo vivencial, desde el movimiento, desde la percepción, desde las senso-percepciones, y la psicomotricista trabaja desde lo corporal, también lo plantea así, todo lo son coordinaciones, nociones y demás, entonces nos hemos imbricado en este trabajo desde hace muchos años. Hemos sido pioneras en esto de trabajar juntas, y ahora se de otras escuelas donde la Prof. de música y la psicomotricista trabajan juntas, pero nosotras empezamos hace más de 12 años, y nos va muy bien, nos complementamos mucho. Lo corporal da la vivencia directa."

2. Acerca de la elección de la música para abordar el autismo

La elección de trabajar con música, porque es un medio formidable, otro lenguaje diferente, se llega a otros niveles de la persona, fundamentalmente lo afectivo, lo que tiene que ver con el contacto, con los vínculos. Al tener estos chicos tantos otros déficits, de atención, de memoria, del lenguaje (hablado, oral) dificultades a nivel intelectual, la música surge como algo que no tiene déficits, lo disfrutan mucho.

3. Objetivos y modalidad de trabajo

a) ¿Usan instrumentos musicales?

Sí, utilizamos con los niños, en los trabajos individuales y grupales.

b) ¿Realizan audiciones?

Audiciones, todo, me encanta esta parte, hay gente que dice cómo hago para hacerles escuchar música clásica, escuchan de todo, ladridos de perros que recolectan con grabadores (periodísticos), salen a la calle, los ruidos de la ciudad, cuando trabajan los albañiles en los edificios, las sierras, o graban en un "laboratorito" los ruidos de la cocina, desde lo más elemental, hasta lo otro, reconocer instrumentos, primero los de la banda rítmica, después algunos muy evidentes como piano, violín (bien diferentes) y con los más grandes hilamos un poco más fino.

Vamos a los conciertos de la Banda (Sinfónica de la provincia), una vez por mes, al Teatro, tenemos una actividad cultural muy importante porque estamos en el medio del centro y yo soy muy inquieta.

Aprovecho, cuando no hay música, hay títeres, cuando no hay títeres hay teatro, se van moviendo en ese sentido."

c) ¿Empleo de la actividad vocal?

En cuanto al trabajo vocal, todas las clases tienen una parte de eso. A veces hacen juegos de liberación de voz, son como expresión corporal y después empezar con juegos vocálicos, para escucharse, a veces les presto el micrófono, esto los moviliza mucho, los grabo, entonces cantan algo personal, después cantan todos juntos, eso sí, tenemos implementado un "casette viajero", después del mes de julio, lo comenzamos a usar, con cada grupo tienen un casete, lo graban y se lo van llevando los que pueden y tienen elementos para escucharlos, los papás para ver qué canciones cantan, los ayuda porque por ahí ellos solos no se acuerdan, entonces teniendo el apoyo de ese casete, cantan con los papás, les dicen "aprendimos tal cosa"; eso les gusta mucho a los papás, por que ellos dicen que no saben ninguna canción y se dan cuenta que saben un montón, por ahí solos no tienen referencia, y con ese apoyo les va regio. La actividad vocal se da siempre. También hay un coro.

d) ¿Crean instrumentos musicales?

Sí, hacemos, inventamos, trabajamos con el material que tenemos, caracoles, piedritas, gallinitas con vasitos. El año pasado me trajeron un montón de cañas, pero yo todavía no me sé manejar, este año me tengo que poner para ver cómo armar con alguien que sepa más que yo. Tenemos xilófonos con botellitas, afinados con agua, colgados de una madera para tocar como campanitas tubulares, se hacen actividades con instrumentos.

4. ¿Ventajas y desventajas de la aplicación de la música?

Ventajas, yo creo, absolutamente todas, la música es una forma diferente de comunicarse, se llega a otros niveles, a la parte afectiva y emocional mucho más rápido, es muy movilizadora de por sí por que siempre propone un ritmo distinto, un movimiento diferente y un carácter diferente, los chicos conocen los distintos momentos, porque generalmente hacemos un ratito de relax, entonces cuando la música es tranquila y suave, ya saben que vamos a descansar un ratito, la música organiza, el ritmo organiza. Empiezan por ahí, no han tenido ningún tipo de regularidad, y a la larga, después de 2 ó 3 años de trabajo, todos pueden hacer pulso, todos pueden marcar el acento, pueden acompañar (a algo medianamente organizado) la música en el tiempo y a manejarse coherentemente con eso. Y los que no pueden contestar al principio, a los finales de las frases o terminar las palabras que hay que cantar, cuando pasan 2 ó 3 años de ejercitación, lo logran. Tiene muchas posibilidades. Aparte disfrutan, porque nosotras tratamos de que jueguen, aparte el contenido es móvil en la escuela especial, vamos dando los temas, fundamentalmente queremos que disfruten la actividad, siempre hay cuentos o hay para inventar, los chicos han grabado cuentos, cantados en las partes donde hay que cantar, a la música la usamos con una finalidad divertida placentera, creo que la música es fundamental. No hay ninguna desventaja.

5. ¿Posibilidad de integración posterior de un niño a un grupo?

Habitualmente todos los años hay una Semana del Arte y la Cultura, no trabajamos con abordajes individuales, sí grupales, hemos cantado junto con los chicos de otra escuela especial, hemos cantado con los chicos de la escuela San José. En esa semana, cada uno trae cosas, música, pinturas, danza, y nosotros nos mezclamos en las actividades con los que vienen. En integración grupal, a nivel escolar, habitualmente juntos, o nos cruzamos al San José, para compartir un par de clases, ese tipo de integración, pero individual, no.

6. Acerca del trabajo con el silencio como concepto

7. Relatar cómo se estructura o planifica una clase (distintos momentos)

Hay diferentes momentos. En los cursos más grandes, yo doy música sola, están más adiestrados y preparados musicalmente y trabajan en bandas musicales. Pero con todos los grupos hay una primera parte de movimientos corporales y música, después una tarea más centrada, puede ser instrumentos, aprendizaje de una canción, después los niños tienen que desarrollar algo en base a lo que han aprendido y finalizo con cosas para escuchar, reconocer auditivamente, ejecutar, para cantar, moverse y para compartir, que son las tareas grupales que realizan en conjuntos.

Entrevista n° 2

1. Profesión: Profesor de Música y Pianista

Fue muy fuerte para mí el cambio, el choque de entrar a la Escuela, con esto con lo que uno viene, con la cosa de la Pedagogía, el Coro, y "Voy a hacer un coro, una murga". Ahora más o menos, pero cuando yo llegué hace 9 años, hablaban dos, el coro, chau!. Se me fue derrumbando, todo mal. La mitad del año volvía llorando a mi casa, era esa cosa de "¡¿Qué hago?!", buscar qué hacer, y de cambiar de posición, yo frente a la música. Empecé a encontrar algunas puntitas, cosas que yo no las veía, yo era muy "músico", entonces traté de buscar material, y no hay ni bosta, es un campo que hay que hacer, psicosis, en el autismo, no hay mucho material de música y lo que hay es bastante malo o viejo.

Entonces me remití más al trabajo de la música y puse tres ejes para laburar: 1°, aspectos rítmicos, teniendo en cuenta al ritmo no como medida sino como un tiempo, el tiempo en el que transcurrimos cada uno, y cada uno tiene un ritmo, como un ritmo vivencial, como un ritmo de vida. Viste que los ritmos de vida tienen que ver con la música, no es al pedo que la baguala en Jujuy sea baguala, y que el tango sea tango.

Un ritmo de vida, de acuerdo a eso empecé a afinar un poco más la mirada, a escuchar más cosas, y los ritmos que me traían cada uno de esos chicos todos los días a la sala. Y, a partir de ese concepto de ritmo, es como que me fui al concepto de polirritmia, en ese momento eran grupos fijos pero ahora eligen los chicos, y por ahí vienen dos, diez, sean los que sean, es eso, se arma una polirritmia donde ¿Qué pasa? a primera oreja o primera vista, es un lío, viste que la polirritmia tiene eso, pero hay momentos en los cuales es la experimentación, viste que los chicos hacen eso, y después se va afinando, yo hago algo para eso, y de vez en cuando se juntan algunas cosas. Es muy difícil, imaginate con 5 ó 6 chicos, plantear lo grupal es re complicado.

Esto de afinar la oreja, y eso, me concentré en el trabajo, en cuanto al ritmo, eso que trae cada uno, esas "estereotipias", o gritos, o el llanto, y tratar de contextualizar eso en un entorno musical, jugar con eso, y es alevoso, viste esos chicos que vos los ves en un rincón cualquiera (muestra la mímica del "rocking") y vos empezás a jugar con eso, y es alevoso, el tipo para, mira, se ríe, eso en cuanto al ritmo.

Después con el cuerpo, yo me encontraba con cuerpos, viste esa sensación de que el cuerpo que estás viendo no le pertenece a esa persona, es algo muy grosso.

Es muy grosso ver eso. Entonces se trabaja con la percusión corporal, propia en los que pueden golpearse un poco, y si no, yo voy a intentar jugar con eso, y accidentalmente ese es otro eje, del cuerpo, la percusión corporal, el movimiento en cuanto a alguna música, siempre trabajo con residentes, entonces podemos ir trabajando uno a uno, podés ir moviendo, y accidentalmente a partir de esa cosa corporal, que yo le pegaba en la espalda, algunos empezaban a hacer "aaa", se armó un juego, y descubría la voz de muchos chicos a partir de ese juego, ya sea golpeándoles la espalda, o en el diafragma, y se armó un juego lindo, y muchos sacaron su voz ahí.

Hace 9 años, algunos de los que venían con ese diagnóstico "nunca va a hablar", ahora canta, está cantando.

Es grosso, por que había chicos que nadie les conocía la voz, fue como un hallazgo. Después fue cambiando la población de esta institución, comenzaron a venir más armaditos, donde sí empezamos a ver cosas más musicales ("si se quiere") pero todo el laburo en el campo del autismo, casos más severos, donde los chicos están re-desarmados, tiene que ver con esa cosa emotiva y primitiva de la música, una cosa de repetición siempre, pero que nunca es igual, por más que siempre le pegues en la espalda, nunca va a ser lo mismo. Así como es misterioso el porqué este chico está así, también es misterioso como puede salir y empezar a hacer otras cosas, digo, nunca se sabe, nadie sabe de eso. Yo me acuerdo que estaba cantando una canción y este colgado, un chico ahí en el rincón, toda la hora, que no hizo nada, digo uno, hubiera dicho: "Este tipo no hizo nada", en esa época venía dos veces por semana, ahora vengo todos los días, y yo volvía a la semana siguiente y ése que no había hecho nada, estaba tarareando la canción que yo había cantado, quiere decir que el chico "está".

Son unos radares. De probar, he probado un montón de cosas, con algunas me ha ido mejor que con otras. Los chicos que por ahí hablan, digo, tienen la palabra pero no el discurso, esa cosa del delirio, empezamos a parar un poquito con eso, a tratar de ordenar y escribir algunas cosas, y salieron algunas canciones, yo le puse música a eso.

Grabo mucho, yo en mi casa tengo un estudio de grabación, con computadora, y con los chicos vamos ahí, hacemos la clase, yo grabo o me voy con alguno e individualmente grabo, y también está bueno, viste que en la compu podes meter efectos, ponele tengo cuatro chicos, mezclo lo que hablan ("tan-ca-tan- ca- tan" y "da-da-da") y los mezclo, les pongo efectos, los pongo a los cuatro juntos, de a dos, de a tres, después vieras lo que es, la cara de ellos cuando se oyen, no lo pueden creer.

Disfrutan mucho de eso, de escucharse. Aparte, están todo el día en la escuela "tan catan" y les ponés el micrófono y no hacen nada. Tenés que estar tres horas con el micrófono

2. Acerca de la elección de la música para abordar el autismo

Bueno, yo es lo que mejor sé hacer, toco el piano hace mil años, creo que lo que tengo que dar al mundo es música, no puedo hacer otra cosa.

3. Objetivos y modalidad de trabajo

a) ¿Usan de instrumentos musicales?

Usamos instrumentos musicales y cosas que emulen a los instrumentos musicales, viste que la percusión es como más convocante, la escuela no tiene un cospel, así que tenemos eso, y laburamos con eso, tachos de pintura y palos de escoba, armamos palos de lluvia, que los armamos nosotros, tengo un par de flautitas y tengo esa arpa de piano desarmado. Con esto laburamos y está bueno, además de los golpecitos que ha recibido, suena percudiéndola, con los dedos, con un palo, suena por la vibración, nosotros estamos hablando y las cuerdas están vibrando, entonces cuando estamos cuando estamos en silencio, y alguno grita, o le pegamos a un tambor, queda sonando. Sí, si hay instrumentos musicales.

b) ¿Realizan audiciones?

Cuando había grabador, sí, viste que por ahí está todo bien, o por ahí pinta todo mal y tenés que hacer algo, y uno apela a algo, ponele poner musiquita, y los chicos se tranquilizan, bajan, cuando no hay grabador, pelo yo una canción, me pongo a cantar y bueno, eso sigue siendo una audición.

¿Algún estilo en particular?

No, yo soy muy ecléctico, y musicalmente pongo de todo, sí he notado que con lo que más se enganchan los chicos es con música étnica, "música de mundos", paran más la oreja, de las observaciones que yo he hecho. Es una que a mí me encanta. Dentro de la música se enganchan mitad y mitad. Otros con onda "De Boca en Boca" que es vocal, pero la música instrumental, también tiene su enganche, se enganchan mucho on eso, por ejemplo hay hits que han sonado y gustado, del "Cirque du Soleil", esa música les encantó, Steve Rai, minimalista, toca con placas, Laurie Anderson, han sido hits.

c) ¿Empleo de la actividad vocal?

Con los que no cantan, yo trato de que saquen la voz, la muestren, me pasó esto: apenas entré, uno tiene una noción de éxito y fracaso, uno viene con eso y aprendí con el tiempo, que una clase estaba más o menos buena, no por que tal chico cantó o tocó, sino porque me miró. Un día el A. un chico de acá, yo toqué algo y el me miró a los ojos y sonrió, y yo digo, ¡ya está! Abrimos la puerta y nos vamos a tomar un mate.

Y con los otros, hacemos esta historia de composición, armar las letras, yo pongo música y hay un par que cantan, laburan esto del canto, de afinar, respirar mejor, que te dure el aire, pero son dos o tres chicos.

d) ¿Crean instrumentos musicales?:

De vez en cuando creamos instrumentos musicales por gusto, y también por carencia (económica). Somos especialistas en palos de lluvia, y después los "tambores", esos tachos de pintura, se van haciendo bolsa, entonces cíclicamente salimos por el barrio a recolectar y juntamos. Ahora está bueno porque nos hemos cambiado de casa, este es el primer año que estamos acá, y como la pintaron, había miles de tarros de pintura.

4. ¿Ventajas y desventajas de la aplicación de la música?

Desventajas, ninguna, no creo que haya ninguna. Sí hay como en todos lados, chicos a los que les gusta más la música, y es importante y nodal en su historia, se van armando elencos estables, tres o cuatro que siempre vienen, y otros van rotando. Esa gente, nosotros hablamos en las reuniones que es por ahí, y tratamos de ponerles fichas por la música, tratar de ir afuera, a un ensayo de una banda, con otro profe a hacer algo, lo que uno percibe o quisiera que pueda armar algo en la vida, otros con el teatro, con la palabra.

5. ¿Posibilidad de integración posterior de un niño a un grupo?:

Pasan las dos cosas, hay chicos con los cuales yo intento laburar individualmente, de vez en cuando, y después pasa que un grupo te cae un chico de esos "rinconeros". Yo trato de hacer la clase como la daría en cualquier otro lado, yo hago la clase, tocamos, cantamos, escuchamos, hacemos silencio

Te podés enganchar más o menos, pero estás. Y, si por ahí alguno se pone "heavy" (pesado), lo llevo afuera, y bueno, seguirá otro día. Igualmente cuando hay uno heavy, tratamos de jugar con él un rato.

Yo he desarrollado esa oreja más, entonces siempre estoy escuchando el emergente, cualquier sonido, trato de meterlo, a veces sale y a veces no.

Cuando uno viene haciendo un pulso lo acelerás, se alteran o se sobresaltan, o cantando y saltás a un agudo desde una nota grave, en un cambio brusco, ocurre lo mismo.

6. Acerca del trabajo con el silencio como concepto:

Esa es otra cosa que trato de laburar mucho, por esta lógica; es muy difícil hacer música si no sos capaz de escuchar, y no podés escuchar si no sos capaz de hacer silencio.

7. Relatar cómo se estructura o planifica una clase (distintos momentos)

Se trata de tomar el tiempo, el taller empieza siempre así, nos sentamos, y hacemos silencio, yo toco una melodía en la flauta, siempre la misma, y esa cosa del silencio y escuchar. Los chicos rinconeros que vos decís "no se integran" no se integran al grupo, no lo siguen, pero están ahí, escuchando y ha pasado, que, un tipo agarró un palo y se enganchó. O, no se enganchan y a la semana está tarareando lo que habíamos cantado.

> Entrevista n° 3

1. **Profesión**: Profesor de Música

Soy profesor de música y trabajo en discapacidad desde hace 15 años. He realizado cursos sobre Autismo, Parálisis Cerebral en Buenos Aires.

2. Acerca de la elección de la música para abordar el autismo

Lo considero como una opción, se dificulta mucho que los chicos sean abordados desde la psicología, de la psicopedagogía y la música ayuda a que ellos encuentren un canal mucho más accesible, el resto de las disciplinas se cortan ante lo verbal o no verbal, siempre es complicado. Yo creo que la música sirve como puente y hay un código común, una comprensión común del código de la música, que es mucho más amplio que el idioma, que los gestos….Pero uno tiene que saber interpretar también, como músico, como musicoterapeuta, para explicarte y entender el código que está utilizando el chico, que quiere decir, que me quiere decir cuando se conecta o cuando no se conecta.

3. Objetivos y modalidad de trabajo

a) ¿Usan instrumentos musicales?

Generalmente se utilizan instrumentos musicales. Siempre se comienza con la percusión, que es lo más primitivo, instintivo, más manejable y a veces se puede llegar a casos de instrumentos melódicos o instrumentos de cuerda. Siempre se trata de evitar lo electrónico, que por ahí es medio mágico.

b) ¿Por qué mágico?

Porque ellos no saben, digamos que en realidad hay un aparato donde aparecen cosas que no se ven, ¿si?, en cambio, yo con un instrumento de percusión, lo puedo agarrar, cuando se produce el sonido, y vivencio la música, si no, tengo que recibir todo a través de mi oído ya procesado, en este caso siempre se trata de trabajar desde la interpretación por que el que procesa, es el que está haciendo.

c) ¿Realizan audiciones?

También. Siempre depende de la persona, yo tuve un caso en el Cottolengo donde la madre, trajo un par de grabaciones, lo que pasa es que eso por ahí produce alguna regresión o alguna reacción y puede ser no deseada, así que hay que tener cuidado, es como una especie de antibiótico, que uno debe saber cuándo darlo, que gotitas, siempre se comienza como experimentando hasta tener la de identidad del Otro. Yo, en el caso de este chico, usaba ABBA, ese grupo sueco pop, bien pop y contemporáneo, era algo que el utilizaba de chico, desde muy bebé, antes que lo internaran, y era increíble, porque después de haber procesado la percusión y algunas cosas melódicas, con la audición de esto, el empezó a acariciar el grabador. O sea, eso evidentemente le trajo una regresión, y empezó a sentir el traslado del afecto a través del tiempo. Por esa grabación, se encontró con su casa, cuando escuchó eso, y ese contacto fue un puente importante, a partir de ahí pudieron trabajar otro tipo de profesionales y lograron lazos con eso. Pero este es un caso concreto de cómo una audición en un chico, casi de "libro".

d) Los criterios para audición ¿dependen del paciente?

Si vos no tenés la información familiar tenés que experimentar, y uno más o menos se ubica por el lugar donde vive el chico, por el tipo de costumbres que tiene, uno en el hogar donde vivían, en el Cottolengo tenía ciertas costumbres, entonces uno va viendo y sacando desde información real, pero si uno no tiene información desde los familiares o del pasado tiene que empezar a buscar, por el apellido, el origen, de dónde viene, y en base a eso, uno puede comenzar a experimentar con cosas que tienen mucho que ver con el pasado."

e) ¿Empleo de la actividad vocal?

Siempre se comienza experimentando con la parte instrumental y rítmica, y muchas veces la parte vocal comienza siendo rítmica, con laleos, silabeos, pasa que para llegar a la parte vocal, en estos casos de chicos autistas es complicado, el proceso es mucho más largo. Si ellos logran conectar con algún instrumento es casi como un milagro, y si cantan después ya sería "¡se curó!", mágicamente, a lo mejor tenía síndrome, o rasgos pero no era autista.

El proceso es muy largo, primero hay que manejar el elemento extraño a uno, comprender el procedimiento, hacerlo sonar y realmente manejarlo, y generalmente lo vocal, va viniendo después, pero darle sentido, darle una especie de comunicación no-verbal.

f) ¿Crean instrumentos musicales?

Sí, se inventan cosas en base a cada necesidad, con colores, formas, sonoridades, mientras más raro, mejor, porque es lo que más sorprendente.

Los elementos que usamos, sobre todo en percusión, uno le agrega colores, formas, por ejemplo, hay panderos con parches plásticos transparentes, con bolitas de acero, adentro, está el parche, las bolitas, el parche de cuero, las bolitas de acero, y arriba viene un parche plástico, entonces a eso uno lo ve, por ahí, el fondo está coloreado, y causa una impresión espectacular, porque no sólo suena cuando uno lo golpea sino cuando uno lo mueve, y hay varias sonoridades.

Después hay un instrumento como el vibraeslab, manija con plancha de metal, que cuando lo apretás tiene una sonoridad rara, entonces el causar el efecto en el Otro, es importante, y siempre hay que modificar instrumentos, estar inventando cosas para que el chico, si mueve el dedo, buscarle algo para que cuando lo mueva, produzca un sonido, si mueve las manos o gira los hombros, a ver ¿Qué le puedo poner en los hombros, para que cuando los mueva, produzca una sonoridad y él le encuentre un sentido. Cuando algo se mueve y produce algo, ya el efecto causa asombro y de movimiento, ya no va a ser hecho involuntariamente sino que cada vez que lo haga, va a ver que está produciendo algo, y bueno, con gusto, o disgusto, va a ser la necesidad de ver que cosas le conviene hacer."

g) ¿O sea que le da causa y efecto, permite ordenar antes y después y repetir si le gustó?

La causa y efecto es el inicio de la actividad, no es la única búsqueda, si hay un historial familiar, no hace falta que uno pruebe tantas cosas. Pero cuando hay una carga afectiva, el afecto es bueno, y uno empieza a trabajar con eso, lo coordina con la voz, lo coordina con otro instrumento, hacemos música juntos, hace algo él, y hago algo yo, y ahí ya está el enlace y la comunicación, pregunto yo, por ahí contesta él, como enlazando las cosas.

4. ¿Ventajas y desventajas de la aplicación de la música?

Siempre antes de trabajar con cualquier persona, sobre todo con el tema del Autismo, uno tiene que hacer su diagnóstico, ver si no es contraproducente si el chico está receptivo a eso, si no va a reaccionar en contra, si realmente le va a servir porque por ahí lo que escucha lo cierra, o el hecho de que yo le ponga un instrumento lo anula y no sirve. Siempre hay que ver cada caso y hacer un diagnóstico antes de usar la música "para". No todo el mundo, no a todo el mundo le sirve la música. Sirve en muchos casos cuando la persona está abierta, receptiva, cuando puede usar esos elementos, en una persona que no los puede usar va en contra, porque se da cuenta que está trabado, yo le estoy mostrando algo que no quiere o que no puede usar, y va en contra, el tipo se mete más para adentro, se hace más autista… Y no estoy hablando de algo técnico, que tenga que ser música, no, por ahí el hecho de ejecutar un instrumento o escuchar una melodía le produce una reacción de tristeza, que cada vez que escuche algo va a asociar la tristeza con todo lo que escuche, entonces no sirve. Eso es una desventaja, si no se realiza un diagnóstico previo, es muy importante, porque no para todo el mundo es útil la música. Es más, hay una discapacidad del A.C.V.(accidente cerebro-vascular) que se llama "Amusia" que sobre todo se da en los músicos profesionales, es una reacción en contra de la música.

Una persona con amusia no podría rehabilitarse con Musicoterapia porque causa un escozor, y una reacción en contra, hasta alergia, le produce, y es por su pasado profesional, y claro, la apertura en Musicoterapia no es técnica, entonces al escuchar algo que desafina se pondría histérico con lo que escucha, en vez de ayudarle a expresar algo, estaría pensando en lo técnico. Eso sería otra desventaja. Pero siempre el primer paso es el diagnóstico de la persona, el historial, la reacción y todo eso.

En cuanto a ventajas, la música da posibilidades que muy otras pocas profesiones la tienen, por el código. Es un código bastante universal, en el que la gente se abre muchas veces a la música y no se da cuenta que lo hace. A veces uno hace cosa con la música que no las hace con un psicólogo. A veces es complicado ponerse a contarle a alguien extraño lo que le pase y a veces, no es tan difícil, sentarse con alguien y ponerse a cantar, o tocar un instrumento. Entonces yo musicoterapeuta, elaboro su forma de ejecución y su melodía, e interpreto lo que le está pasando. Hay como una doble postura de músico, y musicoterapeuta, pero es importante que esta ventaja sea usada a favor para que él exprese lo que siente, para descargar a veces simplemente. Golpear un tambor con todo, uno dice "éste está loco", en realidad, en vez de insultar o romper algo, está haciendo eso, está canalizando"

a) En relación a la interpretación, ¿Desde qué herramientas?

Uno siempre tiene que estar desde lo objetivo, hay casi una postura psicológica, uno tiene que conocer algunas cosas, algunos códigos para sacar interpretaciones, sino estás viendo causa y efecto, y no sabés por qué el efecto, no sabés para qué. Entonces cuando hay un efecto yo sé, esto me sirve, uno empieza a enlazar cosas, me respondió a esto, entonces voy a trabajar sus respuestas, elaborar más ritmos, tiene que haber una interpretación si se quiere "seudo-psicológica".

b) ¿Desde dónde se basan, Psicoanálisis, Gestalt, Sistémica, en cuanto a psicopatologías?

Lo que pasa es que hay una combinación de cosas, yo de los cursos que vi, había desde cosas sistémicas hasta causa-efecto, algo de psicoterapia, psicoanálisis por ahí se trabaja en grupo y tenés que ver teorías de psicoterapia, ver como interacciona la gente, cómo plantea las cosas, cómo se comunica.

c) Difiere mucho una interpretación desde una línea teórica a otra?

Creo que en esto de ver, desde la Musicoterapia, como que se han juntado varias cosas, hay mucho de causa-efecto y sobre todo una teoría de la comunicación que es importante, que no todas las áreas la pueden tener, porque el código de la música es amplio, tiene subjetivas reacciones ante una misma causa. Una misma melodía o un instrumento pueden utilizarse de mil maneras distintas, regresión, tranquilidad, contención, tristeza, y eso uno lo tiene que sacar de eso.

La teoría de la comunicación es una mezcla de varias cosas psicológicas, posturas psicológicas, pero también hay como bandos dentro de la Musicoterapia. Si es o no, musicoterapeuta, que hace psicoterapia, el que hace la parte de gestalt. Uno tiene que ir viendo y yo en estos 15 ó 16 años, he visto que hay pacientes o personas donde la psicoterapia es bárbara, la Gestalt no anda, y uno tiene que ir buscando así como vos decía, bueno, busco en su historia, también tenés que buscar en cada paciente, cuál va a ser su mejor interpretación, y está en uno también la formación integral para ver, con esta persona conviene hacer esto, hay gente que la causa-efecto no le hace nada, y tenés que promover las cosas desde otro lado, empezar a buscar otras cosas, el hecho de entablar canales supone una búsqueda, vos no conocés a la persona, te pueden dar mucha información pero por ahí se corta, porque vos te estás cerrando, estás guardando cosas, y está también la habilidad del Otro para sacártelas, pero es importante por que son relaciones personales.

5. ¿Posibilidad de integración posterior de un niño a un grupo?

Sí, y creo que es una de las mejores formas de integración, por el tema del colegio. Siempre se labura desde lo individual para ver como reacciona esta gente, y si hay posibilidad, recién después se lo integra, pero ya es un proceso largo el tema de lo individual, de las sesiones, acostumbrarse los tiempos, observar, sacar información, es ideal la integración, generalmente suelen ser grupos chicos de tres o cuatro personas como mucho, y después que tuvo un proceso individual, sino, no tiene sentido, por que se va a volver a aislar en el grupo, si se aisló solo. En cambio, si vos trabajás sobre el ambiente solo, lográs contacto, hay que ver si estos contactos los puede interactuar con otro, pero un vez que logré lo individual sino hizo nada en lo individual, es muy raro que logre algo grupal.

6. Acerca del trabajo con el silencio como concepto

Es importante, hay que ver cómo uno lo usa, en qué momento, a veces el hecho del silencio puede simbolizar el final de una sesión y en vez de saludar, usar un perfume, o poner un tema lento, con un silencio determinado y sin moverte, vos le estás mostrando que ya se acabó. Y todo lo que estaban haciendo tuvo un proceso, pero es importante (el silencio). De todas maneras uno incentiva constantemente. El silencio también provoca cosas, puede ser incómodo, a veces provoca mucha incomodidad, por que uno está muy acostumbrado a lo sonoro, entonces el hecho de no escuchar, lo pone así '¿qué está pasando?'. Pero puede ser usado como un código no-verbal, o puede ser usado para provocar y que él elija, yo provoco el silencio, estuvimos haciendo cosas, se produce el silencio, entonces él me mira, yo no hago nada (y él tiene la opción de los instrumentos), pero siempre hay que tener opciones, algo que uno quiera que él elija. Uno le pone la opción y él ante el silencio, decide hacer algo. Si no lo hace, está bien, pero si lo decide, es importantísimo porque está la voluntad puesta. Yo no genero, no le agarro la mano y pongo el instrumento, que es peor que podemos hacer, él tiene que elegir las cosas voluntarias, sí puedo provocar que me responda pero no tiene sentido que yo haga que él se mueva, le ponga algo en la mano, y se lo mueva yo, para ver si después él lo va a mover, lo más probable es que no lo mueva, lo único que uno hace, y eso en todos los ámbitos, es lo que uno tiene la voluntad de provocar, en ellos es fundamental. Si yo quiero provocar algo, y le empiezo a mover el cuerpo, lo estoy invadiendo.

A veces pasa, hay gente que quiere que el otro haga algo y le dice 'hacé así' o 'escribí así', le agarrás la mano.

Uno debe tener apertura, porque la música desde la Musicoterapia, es para todos, en la utilidad que tenga. Es importante tener la cabeza abierta, por ejemplo en cuanto a digitación, o si te no te sentás derechito, no podes tocar el piano, si no afinas no podes cantar, entonces se acabó, no hagamos más nada, todo está fuera de la estructura.

Mi concepto de Musicoterapia, como un auxiliar de la Medicina. Yo tengo la claridad de decir para mejorar la calidad de vida de la gente, que se comunique, que piense, sienta, pueda largar todo eso, siempre mejorar la calidad de vida, porque uno va al psicólogo para estar mejor, va al médico para que su cuerpo se mejore, para salir de dónde está y la Musicoterapia es un arma que tenemos para que la gente que no puede cantar, pensar y estimularse, lo haga, con otro canal de comunicación que es la música, un código diferente, amplio, universal, en cualquier parte del mundo la música generalmente significa lo mismo, en el 90 % de los casos. Y el uso de instrumento desde lo primitivo hasta hoy sigue teniendo el mismo sentido, desde lo tribal hasta hoy lo religioso, lo diabólico, a veces, desde el amor hasta la violencia siempre tiene el mismo sentido, entonces es una apertura que no cualquiera la tiene.

7. Relatar cómo se estructura o planifica una clase (distintos momentos)

Primero, el diagnóstico, antes, si hay algún contacto familiar, toda la parte del historial, las causas, cuál es su historia clínica, qué cosa está tomando, qué cosas no está tomando, muchas cosas neurológicas que toman los chicos provocan movimientos involuntarios o pérdidas, primero la averiguación de todo lo que pasa, porqué y a ver la historia familiar. Dentro de la historia familiar, lo más importante, si los padres practican música, o no. Luego las sesiones comienzan con tiempos cortos, 15 ó 20 minutos, primero para entablar la relación, hasta que él se acostumbre al terapeuta, siempre conviene comenzar a un mismo horario, una especie de rito de la sesión para que él sepa, bueno, nos sentamos acá, y ya puede, o sea, cuando él puede anticipar lo que va a pasar, ahí ya empezamos a entrar cada vez ir alargando el tiempo. Y como te decía antes, desde lo individual en poco tiempo a lo grupal, según el tiempo que puede necesitar. Generalmente son ellos quienes ponen los límites. Los tiempos cortos me dan la pauta por que yo veo cuando tiran los instrumentos, tengo que buscar otra cosa. Esos 15 minutos, seguro que se van ampliando.

Pero uno tiene que estructurarlo. Generalmente empieza de manera verbal, luego con los instrumentos, desde lo rítmico, si hay posibilidades melódicas también; se cierra, cuando hay posibilidad de escuchar música, con algo que sea más bien relajante. Para que él sienta todo en la misma sesión, los distintos puntos, llegamos, estamos en reposo, iniciamos movimiento, nos conectamos y vamos bajando, y él siente que cierra.

Se puede cerrar de muchas maneras, con una música tranquila, una forma de saludo, un perfume, un color, apagando la luz, pero que el otro se de cuenta que hasta ahí se corta, se termina. Mucha gente lo hace con perfume, a veces el hecho de oler eso, implica que terminó.

Generalmente se utilizan cosas así, o cosas con color, con olor, donde no necesita decir '¡Chau, me voy!'. Es lo más simbólico y es importante porque se entiende ese código, hay un proceso interior que importa mucho. Pero, se trata de usar eso, cosas simbólicas que determinen el inicio y cosas simbólicas que determinen al final. Siempre es proceso. La actividad es un movimiento y se vuelve al reposo.

En el transcurso, viendo el historial, el diagnóstico, comprobando si canta o si no canta, si ejecutó alguna vez algo, yo comienzo con ese tipo de experiencia, pero teniendo en cuenta al diagnóstico tengo un campo, la mamá me cuenta: 'le gustaba bailar', entonces lo rítmico entra, de primera. Tengo que probar un instrumento, ver si lo rechaza o no, le propongo música, luego si se anima a bailar, si me rechaza el contacto, y en eso voy sumando cosas, tocar el instrumento, me tomó de la mano y quiso bailar, entonces le meto y elaboro cosas con eso. Voy complicando, desde distintos instrumentos, incentivando la parte afectiva, desde el baile, el contacto, suelen ser reacios al contacto, es más, a veces te tiran lo que das, y agarran un hilito o un papelito y ahí están, si vos le cambiaste, te lo vuelven a tirar, entonces tenés que buscar otra manera.

a) En cuanto al ritmo, ¿Por qué primero la percusión?

Por que es natural y hasta primitivo en el hombre, y es lo que menos técnica musical lleva, vos podés hacer ritmo con lo que se te ocurra, con la voz, sílabas, dedos, piernas, adentro de tu cuerpo hay ruidos, el del corazón, de la respiración, es como básico, lo más importante es que no requiere técnicamente de nada. Con mover una mano, ya está, ya empecé, mover el pie, golpearme cualquier parte del cuerpo, cualquier cosa tiene sentido rítmico, el aire, los objetos, las palabras, todo tiene un sentido rítmico. Después el proceso es melódico, y finalmente es armónico, pero siempre se larga con el ritmo para iniciar. Primero, lo rítmico, después lo melódico, ya cantar, entonar, dar un sentido melódico a las cosas es, ordenarlas melódicamente.

b) Evolutivamente ¿es más complejo?

Sí, y finalmente el proceso ya más intelectual, es en lo armónico, que es cuando dos melodías se van superponiendo, y tienen sentido.

c) Con pacientes, ¿Cómo sería un trabajo armónico?

Cantar en grupo, es un proceso difícil ya con una persona normal, pero se puede lograr, buscando una armonía amplia. Siempre lograr que ese estar en grupo tenga sentido, yo puedo interactuar únicamente con vos, en realidad, no conectarme nada con vos, puedo hacer algo, ayudar a que eso me ponga aislado, o yo estoy con otra persona, esa persona empieza a hacer pulso, y otra empieza a trabajar sobre ese mismo pulso y hace otra cosa, ahí si hay una comunicación, o yo planteo una melodía, vos armás una letra, el otro arma otra, teniendo en cuenta la melodía, cuando hay algo en común digamos que realmente se trabaja en grupo. Cuando vemos que cada uno que canta, va para su lado, y no tiene nada que ver el tono, la rítmica, ahí hay una desconexión y no sirve.

Siempre sirve lo que va generando y evidentemente siempre se imita al principio, después de imitar, ya largó el juego, ya imité, ya entré en el juego, y a partir de ahí comienzo a generar cosas, empiezo a hacerme presente con algo, esto es tuyo, ahora quiero que hagas esto conmigo. Siempre se larga con la imitación. Hay que evitar que sea el terapeuta para no predisponer, si al grupo le cuesta largar, conviene hacer. Cualquiera puede comenzar una estructura y el resto empezar a trabajar en eso, y es riquísimo porque es increíble las posibilidades que hay de imitación, recreación, el eco, el ostinato, los ritmos, preguntas y respuestas, es interminable, el cuerpo, el objeto.

Entrevista n° 4

1. **Profesión:** Musicoterapeuta

Soy musicoterapeuta, recibido en el año 1981, en la Universidad del Salvador, trabajé en demasiados lugares e Instituciones distintos, Escuelas especiales, Universidades, Centros Psiquiátricos, Instituciones interdisciplinarias privadas como ésta, trabajo actualmente en educación, el título de Musicoterapeuta, da capacitación que limita a trabajar en el ámbito educativo en la provincia, básicamente eso. Trabajo en la Universidad abierta Interamericana, a cargo de cátedras, durante un tiempo estuve a cargo de la Licenciatura de Musicoterapia de Rosario.

2. **Acerca de la elección de la música para abordar el autismo**

Es un más amplia la respuesta, o sea, nosotros hablamos de un abordaje más amplio que específicamente de cada patología. Nosotros en Musicoterapia, así como la entendemos nosotros, que somos un grupo de musicoterapeutas argentinos, tenemos un "pensamiento estético" en Musicoterapia. Parte de entender a un sujeto como productor de su propio sentido, sin demasiados paradigmas previos, un sujeto que está inmerso en una red de discursos sociales, económicos, culturales, mediáticos, el sujeto va construyendo su propio discurso en la medida en que va transitando estos discursos, en este sentido, lo que nos interesa es hablar de una persona que tenga la mayor cantidad de alternativas posibles, a esto nos referimos con estética, una persona que pueda ubicarse en diferentes lugares de diferentes redes discursivas, entonces teniendo esto, la música tiene una impronta muy fuerte en todo lo que tiene que ver con lo motriz, el movimiento por lo rítmico, lo afectivo, lo intelectual, lo social, hasta inclusive lo espiritual, o sea la música abarca, es pensamiento, genera informaciones, el oído es la mayor fuente de información que tiene el ser humano, inclusive más que la vista, esto está totalmente comprobado, el tema de la cuestión afectiva, como la música inmediatamente actúa sobre el plano afectivo, la cuestión social, todos los movimientos sociales tienen sus cantos, los deportivos también, vos vas a una cancha de fútbol, o inclusive los fenómenos que pasan con los recitales, o sea está estudiado que hay gobiernos que han estudiado cómo trabajar la cuestión de violencia en función a recitales, o músicas, conjuntos musicales en determinados momentos, antes de la guerra de Malvinas, estaba ya la "Marcha de las Malvinas", antes de que empiece la guerra.

También en el plano espiritual, más claro todavía, todo lo que es la Iglesia, todos los movimientos espirituales han utilizado la cuestión musical, claramente, en base a esa cuestión, la comunicación por medio del sonido, de la música es extremadamente primitiva y extremadamente primaria, afectiva, no pasa necesariamente por lo intelectual. Y en este sentido, patologías como el autismo encuentran por medio de la música, se encuentra una posibilidad muy clara de comunicación.

Nosotros no pensamos en función de patologías, sino que pensamos una disciplina en función de una concepción de sujeto. Y esto implica entonces determinadas cuestiones donde sí tenemos en cuenta a la patología, pero no es nuestra figura, es nuestro fondo. Nosotros estamos en función de una concepción de sujeto, que es de la que estábamos hablando, y hay un montón de autores que hablan sobre esto.

Un montón de autores modernos hablan sobre esta relación entre el Arte y la Salud. Esos son los autores que seguimos. En función de esto, aparece el abordaje de diferentes cuadros en donde el autismo es muy privilegiado justamente porque es una patología donde muy pocos recursos llegan (y la música llega), algunos sabemos porqué y otros no, pero claramente llega de una forma muy fuerte.

3. Objetivos y modalidad de trabajo

a) ¿Usan instrumentos musicales?

Utilizamos todo lo que pueda desarrollar la expresividad espontánea de las personas. Básicamente utilizamos el cuerpo, el cuerpo rítmico, el cuerpo que suena, la voz, es un instrumento altamente privilegiado dentro del cuerpo, y los instrumentos musicales, utilizamos todos. Generalmente yo no utilizo piano ni ningún instrumento que sea complejo. Los instrumentos se utilizan en función de que den posibilidad de expresión al Otro. En donde lo que hacemos es en base a esta posibilidad de expresión desarrollar canales sanos de comunicación. La diferencia es que los instrumentos musicales, a veces, son, sobre todo en los niños, dan como una entrada más rápida, porque están afuera, son menos comprometidos que por ahí el uso de la voz. La voz es un objeto para nosotros que tiene una cuestión mucho más compleja, porque básicamente parte de adentro del cuerpo, en cambio los instrumentos musicales hablan desde afuera, pasa más por el plano de "sé tocar o no sé tocar"..pero la voz no pasa por el "sé cantar..", la voz pasa por "yo me estoy mostrando", es poner el cuerpo, justamente la voz es parte del cuerpo.

b)¿Realizan audiciones?

Ésa es una muy buena pregunta, porque nosotros vamos detrás de lo que a la persona le hace falta par desbloquear algunas cuestiones. A veces con algunos pacientes hacemos trabajo de relajación, o en grupo, yo trabajo con niños, el otro día tocaba con un niño hiperactivo, y terminé haciendo trabajo de relajación, igual que el recurso de jugar, en ese sentido. A veces trabajamos con audiciones musicales. Es así, a veces utilizamos grabaciones musicales en donde vemos la música que utilizamos en función de la historia del paciente, o la cuestión cultural, también hay inclusive trabajos muy buenos con pacientes en estado de coma, donde se ha trabajado con sonidos familiares, en el Hospital Fernandez de la ciudad de Buenos Aires, una experiencia donde la supervisión y jefe del Servicio de Terapia Intensiva, (que obviamente no era Mt.) sobre 20 pacientes que fueron tratados, en los 20 encontraron respuestas. Inclusive en aquellos que estaban en coma hacía meses que no reaccionaban ante nada, bueno, ante un sonido de un violín, o una canción de un violín, o el ladrido de un perro en particular, hubo movimientos, lágrimas, hubo formas, donde de alguna manera se llegó a algo. Pero nuestro trabajo no es llegar a algo. Llegamos a algo para intentar que eso se transforme en otra cosa. No pensamos en una persona pasiva, esto que vos preguntás de la audición es muy bueno porque si bien, utilizamos audiciones, no pensamos en alguien pasivo, a quien le inyectamos música, lo hacemos como forma de que esta persona, a su manera, genere cosas distintas.

c) ¿Estilos musicales?

Hay muchos, depende de algunas líneas en Mt, es muy específico, hay gente que trabaja con audiciones, hay gente que pone música tipo "new age", y la deja estar, y hay gente que incluso trabaja con audiciones y con luces.

No hay estilo pre-establecido, por esto de la cuestión cultural, hay un adecuarse que totalmente a una cultura, si yo como Mt. voy a trabajar a China, obviamente tendría que hacer un estudio muy fuerte de la cuestión cultural en ellos.

Es muy fuerte la cuestión cultural de ellos. Igual que el gusto musical, a mí si me gustan Beethoven o Serrat, como me gustan, no tiene nada que ver con mi trabajo.

d) ¿Empleo de la actividad vocal?

Lo que salga, para alguna gente, empezar a cantar puede ser algo importante, para otra gente cantar en grupo puede ser importante, siempre lo que buscamos es que lo que aparezca sea la propia expresividad de la persona, a veces sí planeo cosas pre-establecidas por que por una lectura que hicimos, suponemos que eso puede favorecer a que comience a expresarse la persona.

En realidad, la persona cuando se expresa como que puede objetivarse en el afuera, sacarse, si estamos hablando de algo terapéutico, obviamente estamos hablando de una forma de reconocerse. Nuestro trabajo es por medio de material sonoro-musical y corporal que es tan primario y tan primitivo; ofrecerle al paciente alternativas o posibilidades, como todos en definitiva de que se reconozca de diferente manera. Como hay gente que lo hace con la palabra, hay gente que lo hace de otra manera, hay una mujer llamada Isadora Duncan, fue una bailarina, que dijo "si lo pudiera decir, no lo bailaría", esto tiene que ver con esto, no es que estamos comparando o compitiendo recursos, estamos privilegiando algunos que tiene que ver con lo sonoro-corporal, que muchas veces en el trabajo con el adulto, termina con la palabra, medio más válido para comunicarse.

e) ¿Crean instrumentos musicales?

Sí, se pueden crear instrumentos, también reproducir, hemos creado instrumentos.

Yo di clase en una cátedra, una materia "Organología" en la formación. Al Mt se lo forma para crear instrumentos musicales.

Es una forma de trabajo, es increíble como vos veías a los alumnos creaban instrumentos musicales y eran ellos. Algunos eran chiquitos, compactos, armados, bien estructurados, netamente ricos, y venían por ahí algunos, con un instrumento que sonaba de 800 maneras distintas y en realidad no sonaba de ninguna.

Por ahí venía uno con una cajita de música chiquita, era obviamente producto de ellos, y en algún momento algo se reflejaba.

4. ¿Ventajas y desventajas de la aplicación de la música?

¿En qué sentido? lo que pasa es que puede haber cosas terribles hechas con la música. Así como nosotros podemos equivocarnos, y a veces, como todo profesional, hacer algo que por ahí no será bueno, tampoco tiene por que ser malo terapéuticamente lo que estamos buscando, hay cosas con la música que realmente pueden ser malas, de hecho creo que las vemos todos los días. El tema de los medios de comunicación, el tema de la imitación por la imitación, o esto de la música, de no pensar, esto de poner un ritmo pegajoso en donde le estas metiendo unas letras a algo que es realmente terrible, estás transmitiendo algo de forma que el que lo reciben o lo puede pensar y se lo come masivamente, se lo traga masivamente, hablás con adolescentes y decís "che, ¿esta canción de qué habla?"

Me refiero también algunos animadores infantiles, en donde vos te das cuenta que ofrecen un material que ellos no tienen capacidad de ser discriminado, no se puede discriminar.

En cuanto a la clínica? ya que esto ocurre en un plano social: "En el trabajo en la clínica, sí, a veces si vos no podés dosificar la cantidad estímulos que le das a la persona, o no lo podés clarificar, puede llegar a pasar, yo he visto sesiones de colega en donde, un paciente claramente quería abandonar el material y mi colega seguía y la persona ya estaba ahogada, se sentía realmente mal, ahí sí sería desventaja.

En cuanto a ventajas, es un material, es el primer material que percibe el ser humano sobre el cual hay un montón de asociaciones, motrices, naturales, intelectuales, afectivas que van directamente sobre la persona, sobre el sujeto y lo importante es la capacidad y los recursos que lo sonoro tiene en el hombre, como forma de reconocimiento, como forma de expresión, de comunicación, lenguaje y reconocimiento. O sea, de la expresión más primaria del bebé que llora por que le duele la panza, al día de vida, hasta la comunicación sensorio-perceptiva, hasta la capacidad de abstracción en una relación mucho más intelectual. La cuestión social, cuando empieza a aparecer con la cultura en la persona y lo social-musical en la cultura, en la sociedad en general, hasta cuestiones de lo espiritual, como decíamos antes.

Siempre el tema es la posibilidad de reconocerse.

5. ¿Posibilidad de integración posterior de un niño a un grupo?

Lo que pasa es que yo creo que hay varias formas de pensarlo, así como lo pienso yo, creo que la Psicología en general está de acuerdo con lo que voy a decir ahora, así como se piensa, la socialización es un proceso vincular, no socializás a una persona delante de 40 personas, vos socializás, o una persona, mejor dicho, se socializa cuando encuentra la posibilidad de estructurar un vínculo fundante. Acá pasa lo mismo, cuando atendés un chico en forma individual, que es hiperactivo, que no para, no frena y acá en la sesión, empieza a frenar, a adecuarse a un tempo, a hacer cosas como las que hace acá, aparecen y después comienzan a observarse también en el afuera. Esto está visto, lo veo yo que hace años que trabajo con chico en prevención, y con consultorio y a la semana vos ves, que viene la madre a decir: "me dijo la maestra que está más tranquilo" y ahí te escucha más, está más tiempo sentado.

En grupos, trabajo mucho con improvisación que es la antesala de todo eso. Eso inclusive lo estoy haciendo con una médica psiquiatra con respecto al Trastorno de Ansiedad, pacientes que empiezan trabajos individuales y terminan en grupos.

6. Acerca del trabajo con el silencio como concepto:

Yo he escrito dos libros, uno sobre el silencio, para nosotros, el silencio es y no es, es decir una cuestión directa, el silencio es lo que en psicología se puede llamar "insight", en el silencio, hay dos tipos, uno es el del comienzo, cuando estamos todos y no nos conocemos se hace un silencio porque nadie sabe qué decir, pero un grupo produce varias cosas y en determinado momento, llega y adquiere la capacidad del silencio que tiene que ver con la posibilidad de soportar el proceso de reconocer que algo se ha producido.

Recuerdo que años atrás, cuando entré a una escuela especial, donde lo primero que dijo la directora, el primer día el nene Juanchi canta bárbaro "El gallo Pinto", yo me encontré con Juanchi, y la directora le dice: "¡Ay, Juanchi, cantále al profesor de música". Juan cantaba bárbaro, era un chico con Síndrome de Down, tenía muchas capacidades expresivas, pero estaba muy bloqueado por muchas cosas por otro lado.

En determinado momento, en una sesión individual, yo trabajaba terapéuticamente dentro del colegio, tocábamos instrumentos, hubo ritmos, canciones, se hizo un silencio, y nos miramos, nos miramos y nos miramos, y luego comenzamos a acercarnos y busqué una posibilidad de empezar a relacionarnos de otra manera, hasta que en determinado momento, Juanchi empezó a cantar exactamente igual que siempre "El gallo Pinto", una cuestión totalmente estereotipada, y estructurada, voy al silencio..¿Qué pasó acá? Lo que pasó, es que esto que en él, era una cuestión netamente estructurada, era una estereotipia, no era un canto de él, en determinado momento se encuentra con la posibilidad del silencio, y esto comienza con mover un montón de cosas distintas, corremos todo lo conocido y nos quedamos en la experiencia nueva, en determinado momento esto fue demasiado para él, y ¿qué hizo? Volvió a lo conocido, a lo estereotipado que en estos casos es estereotipia, pero puede que no lo sea. El silencio fundamentalmente, es un sonido más, y hasta quizás el sonido más importante, el sonido que recoge la concientización de toda la producción anterior.

7. Relatar cómo se estructura o planifica una clase (distintos momentos)

Nosotros hacemos primero un diagnóstico, que no niega al diagnóstico psiquiátrico o psicológico, en lo más mínimo, pero lo que sí hacemos es más que nada el diagnóstico para nosotros tiene que ver con las características expresivas de la persona. Tomamos estas características expresivas sin catalogarlas, y entendemos que en la forma en que esta persona estructuró esa expresión que está mostrando, obviamente si esa persona está padeciendo algún sufrimiento es por que esta expresividad también se estructuró para que esto sea así, entonces lo que hacemos es tomar a grandes rasgos la expresividad (muy a grandes rasgos, de esto hay libros escritos con lujo de detalles) e intentar transformar estas formas expresivas o modos expresivos en modos sanos de comunicación, que aparezca la escucha, el reconocimiento del Otro, la capacidad de la variación, la posibilidad de las variables emotivas, la posibilidad de armar y producir lo propio, de volver a escucharlo, de reconocerlo, de diferenciarlo, de transformarlo en algo diferente, todo eso hecho por medio del cuerpo, los instrumentos musicales o material sonoro. La idea es que esto se termine transformando en un sujeto en lenguaje, una persona establecida dentro del ámbito del lenguaje en donde si la persona tiene una hemiplejía, nadie le va a curar la hemiplejía, pero obviamente si tendrá la posibilidad de reconocer y entender algunas cosas.

Entrevista n° 5

1. Profesión: Profesor de música

No entré acá como profe de música, sino que empecé a laburar dentro de lo que es el dispositivo institucional, un dispositivo colectivo que tiene que ver con el psicoanálisis y bueno, una interdiscursividad en relación al laburo con la locura, o sea que entré como Acompañante Terapéutico, educador que debe, en realidad entré a laburar con los pacientes éstos, llamados psicóticos o autistas o esquizofrénicos, o qué se yo, esa cuestión diagnóstica que está sobre ellos todo el tiempo, yo soy egresado como profe de música, de la provincia de Santa Fe. No nací allá sino en Laboulaye, pero me fui a estudiar música allá, primero a Rosario, ahí hice cualquier cosa, particulares como instrumentista como profe de música y me enganché con esto a partir de [...] yo estaba haciendo la carrera todavía y empecé a laburar con Downs, primero y empecé a ver que allí había otra cosa que no tenía que ver conque había un laburo posible, si se quiere, a partir de la música, pero que no tenía la transmisión de los códigos musicales especialmente, que no tenía que ver con la transmisión de…sí dentro de la música hay una cosa que se llamaba, bueno de la didáctica general, y por otro lado, la cuestión de la didáctica especial, y eso es una cosa que era lo que se llamaba educación diferencial, pero había algo ahí, que, bueno, el problema de la pedagogía, desde la transmisión de los contenidos, repetitiva, de meter la cosa como, meterle el conocimiento. A mí lo que me resultaba complejo, pero no sólo referido en lo que a educación especial sino también lo que se refiere a las escuelas comunes y demás, a la pedagogía instituida, a lo que es el sistema educativo, toda esa cuestión curricular que tiene desde relación a la música para con, en esta relación de enseñanza de ayudante/aprendiz, maestro-discípulo, o lo que fuere, corría otra cosa que no tenía para mí, a mi modo de ver que decía, a ver: "los niños aprenden a leer y escribir, pero ya vienen hablando desde hace mucho tiempo, digamos y con la música me resultaba, como que en toda esta cuestión del conocimiento, de la transmisión de los códigos, del lenguaje musical, era como enseñarle a escribir a quien todavía no aprendió a hablar, entonces digo, debería haber otra manera, digamos esa otra manera.

Yo la fui aprendiendo, de a poco en el laburo con los locos, cómo decirlo, ellos estan cuestionando todo el tiempo, digamos, los dispositivos institucionales que se tejen en torno a ellos, en digamos la locura para mí es una pregunta, no es una enfermedad, son o preguntas o respuestas que se dan sintomáticamente pero que alguna ruptura de un lazo socia o en lo que fuere, digamos en los términos del psicoanálisis, y eso a mí me encastró de alguna manera, en otra parte que ya no tenía que ver con el profesorado de la música, entonces, a partir de ahí deviene mi interés por el psicoanálisis, y por el trabajo con la locura, digamos yo, en ese punto, el laburo se va armando con los locos mismos y es quien está proponiendo un trabajo y para mí tiene que ver con una cuestión transferencial, o sea, el laburo mismo, la música, los talleres, lo que fuere, es muy complicado decirlo, que por eso es ver por ahí, diciendo de esta manera, caer en otra cuestión metodológica, y yo creo que por ahí, la cuestión de la metodología está prendida de determinados modos clínicos y el método está propuesto por la clínica, no debe ser al revés.

2. Acerca de la elección de la música para abordar el autismo

Yo no elegí trabajar con autistas, a partir de la música, yo no creo en la música como un ente terapéutico. Digo, sí creo en la música como ente terapéutico, tengo que creer en un montón de cosas como entes terapéuticos, tengo que considerar terapéuticos los coros vocacionales, los bomberos voluntarios, toda esa cuestión de, digo, a ver, yo creo que ocurre algo con ese objeto que es la música en este caso y que transita, eso, va transitable atravesando al sujeto que está adelante, pasa eso que vos me decías de la charla en la Facu, lo que yo tomé como concepto central, para mí la música, no es nada más que un modo de oír, no es nada más que eso.

A ver, podría ser referido al psicoanálisis, un modo de oír. Ya lo demás tiene que ver con la transmisión de los conceptos y de los contenidos, la metodología, qué se yo..y en realidad, en el laburo, con esta gente, los niños locos, la gente loca, decía anteponer una metodología sería caer en un psicologismo que para mí tiene que ver con un saber sobre el Otro. Y digo, no hay manera de posicionarse, de ponerse sobre el Otro, y en esa transmisión. Sí creo que se pueden armar entre los que estemos en ese evento sonoro si se quiere, puede no sonar nada en escena, digamos, nada que se escuche para afuera, eso está sonando en los cuerpos, como la palabra, uno puede estar tres horas al lado de un autista hablando y sentir, en todo caso prefiero hablar de una resonancia, más que de un sonido, en el sentido éste, de que vos por ahí si cazás un poco de música, esto de la Teoría de Física, de la Música, los armónicos por simpatía, que vibran en otro lado, afuera, hay una diferencia muy grande entre oír y escuchar, son dos cosas, escuchar compromete a un sujeto, cualquiera sea digamos, no estamos hablando de sujeto o de los mil que estén presentes, sino de esos sujetos o sujetados al lenguaje, esa gente hablada, pensada, digo cuando yo me meto en esto, primero con la música, después con el psicoanálisis, no es para hacer un laburo para curar a nadie, no reo en la música como ente terapéutico, pero sí en principio, eso no es más importante que ponerse a cocinar, estar al lado de alguien de algún modo, estar no sólo con el loco sino con todo, uno se junta con otro por algo, y estar al lado de alguien es por algo y comparte cosas y cada uno resuena.

a) ¿Porqué la música y no otra cosa?

Porque yo creo que fui profe de música, me ha llevado hace un montón de tiempo, así produciendo un viraje y haciendo hincapié en cuestiones transferenciales que corren dentro de ese evento más que la transmisión de los conceptos, es más que la cuestión de la enseñanza, o sea, yo tengo una pasión por la música pero tengo la misma pasión por el psicoanálisis, que confluyen dos cosas ahí, y esas cosas a su vez yo las encuentro más o menos conjuntas en el laburo con los locos de esa manera. Yo toco en una banda, compongo, tengo una actividad musical, pero que no está referida al laburo, tanto en otra institución como acá tengo un taller de música pero acá tengo taller de Literatura, y no me recibí de profe de Literatura, en el otro instituto tengo un taller de lectura y uno de cine, y no es que yo sea cineasta, creo que también hay un modo de cosas que a uno le interesan y se pueden aprender con esa gente, gente que está alrededor nuestro, sean locos o no sean locos, uno se junta a estudiar algo que no sabe, bueno, eso nos posiciona de otra manera a los que estamos de un lado o del otro, de locura que el límite es muy lábil, porque el sujeto, también, la música por que para mí hay un montón de cosas que no tienen que ver con la música, y que eso también está, si yo prefiero la música en mi vida, al laburo, puedo referir mi vida al laburo, a mí lo que me costaba mucho, de alguna manera yo me inicié en el campo de la educación a partir de las educaciones especiales, después también fue como correr eso, porque era otra pedagogía, otra metodología que también era la misma, era más de lo mismo, pero en una postura así de tratar al loco como estúpidos, sino decir, adaptemos no pueden aprender esto, ¿Qué saben de los chicos, que pueden? Que no pueden, los autistas son excelentes instrumentistas, son pianistas excelentes, así y tocan eso y quedan así de nuevo, como desconectados del mundo, no por que no pueda haber un aprendizaje de algo, simplemente a mí nunca me interesó como poner ahí a que se sientan bien, a ver…y eso sucede, y sucede más allá de uno, más allá de las intenciones de uno. Para mí, las intenciones son interpretaciones, o eso, una intención es una interpretación sobre el Otro, un saber sobre el Otro y eso antepone un muro al laburo.

3. Objetivos y modalidad de trabajo

a) ¿Usan instrumentos musicales?

Para mí el mundo es un instrumento musical, todo está sonando todo el tiempo ése el instrumento, el mundo. Y, de todas maneras si hablamos de los instrumentos en forma convencional, para mí son nada más que eso, en el sentido de un instrumento quirúrgico, un bisturí no sirve para curar a. Vos usas un bisturí para abrir, poder hacer algo, para mí la guitarra es eso, es una puerta, una guitarra, la trompeta, un piano, son solamente un instrumento, en el sentido de un utensilio que sirve para acceder a algo, para que algo suene. Pero para mí no hay una diferencia entre una guitarra y una lata de batatas, sirve, son instrumentos las dos cosas, si esto de instrumentos convencionales e instrumentos no-convencionales, la convencionalidad de qué lado está, la convención está del lado de las convenciones, nada más, convengamos en esto, convengamos en que esto es un instrumento. Podemos decir esto, si uno puede convenir de que haya instrumentos, cualquier cosa es un instrumento. Hay un autor muy interesante, Murray Schafer que labura, un compositor canadiense, compone cosas, el no te usa, un violín le pone arvejas adentro y lo mueve, eso, yo he tomado muchas cosas de la música concreta para laburar, y en el recorrido..a esto no lo estoy poniendo como actualidad, (en todo caso si se quiere puedo estar hablando, de la actualidad del pensamiento conjunto al laburo, pensamiento conjunto con los locos.

Bueno, eso, llegar a convenciones acerca de los objetos, y puede ser cualquier cosa.

b) ¿Realizan audiciones?

Esto está contemplado. Acá, hay música todo el tiempo sonando, hay pacientes que traen cualquier cosa, por ahí hay tres equipos de música sonando al mismo tiempo, y yo llego a casa y no quiero ni prender la tele.

Y eso nos va atrapando a todos, y por ahí sí, hemos ido a escuchar laburos particulares pero no por el sentido de decir, bueno vamos a ver qué toca, qué género es éste, hoy vamos a escuchar tango, folklore, no. Si en realidad la gente está escuchando otra cosa, todo el tiempo, tiene otros intereses de por medio, yo no lo voy a llevar a escuchar. Si vamos a escuchar a Vivaldi al Teatro, no es por que Vivaldi sea mejor que la Mona Jiménez, es por que es lo que hay para escuchar y yo detesto Vivaldi, el barroco tuvo otras cosas además de eso. En el sentido de decir, bueno, vamos a salir y lo que hay para hacer es eso, y no digo con intereses de tipo, lo que hace la pedagogía, uno tiene que acceder al arte o a las manifestaciones del arte con un cuestionario-guía. Si vas al Teatro, vas a disfrutar, la diferencia de una escuela donde yo laburaba, los quise llevar al cine, con tres o cuatro, no sé que daban y me exigían bueno, a ver, la planificación para ir al cine.

Una cosa, vamos al cine, se trata de otra cosa, vamos al cine y que disfrutemos un poco. O, que no disfrutemos, por que el arte tiene mucho que ver con qué hace uno con la angustia, a veces escucha música, lo que sea, escucha cosas que le gustan y no disfruta, viste que no sé qué pasó ahí, te pasó algo que te hizo muy mal y uno no se lo puede adjudicar a la música. Por eso digo que es un modo de oír.

La música no es nada más que un fenómeno físico, aire en movimiento, mueve las cosas del oído, y uno si lo ve desde el cognitivismo es sólo eso, un fenómeno físico, pero en realidad es lo que pasa alrededor de eso.

Se escucha cualquier cosa y lo que cada uno traiga.

c) ¿Empleo de la actividad vocal?

Cantamos y también por ahí estamos tomando mate y pintó una guitarra y no desde el lado de decir "vamos a hacer trabajo vocal", o un coro. Está ligado a esta cuestión que yo te decía, es un instrumento, lo que suena, y la voz suena y hay pacientes que no hablan y yo no puedo decir que no están contando por que no los escuche, por que mi oreja no me lo permite y algo está pasando ahí adentro, pero esa persona está ahí, y yo no puedo decir, "no, ése no canta", permanece pasivo frente a las actividades como en la pedagogía o los otros exaltados que se ponen a saltar y a gritar todo el tiempo, "bueno, a ver, no acata la consigna, molesta el trabajo" es así como me resulta muy violento porque para mí tiene que ver con el saber sobre el Otro.

d) ¿Crean instrumentos musicales?

"Hemos fabricado un par de cosas, las famosas botellas con agua colgadas, algunas cosas con cuerdas, lo que se va ocurriendo, esa cosa que se crea y se destruye en el mismo momento, vamos viendo y después eso es de los materiales porque a ver, para mí sería como una creación constante de los instrumentos musicales, es usar cada objeto en un evento sonoro, usar los objetos que estén ahí dando vueltas, ponerlos en valor, a algo como instrumento para acceder a este evento, para poder ser parte, ese objeto que puede ser un palo contra la pared, o un tarrito lleno de arroz, hay cosas que perduran y hay cosas que se desvanecen en el mismo instante, pero eso está creando un instrumento, eso está, los instrumentos están creados, sólo hace falta para poder acceder a eso para que te permita acceder a la música.

4. ¿Ventajas y desventajas de la aplicación de la música?

Yo no sé si hay algunas de las dos cosas, en realidad no me he puesto a decir si hay ventajas o no ventajas, eso sería porque eso frente a cada vez que ocurra. Por ahí a mí me parece que es ventajoso estar participando de alguna cosa en el sentido de hacer algo, de ese día hacer algo, que mañana podamos hacer otra cosa y pasado otra, y el día que no nos pinte no hacerlo, digamos es una ventaja de vida, del estar en el mundo, del estar viviendo, entonces sí por ahí la pregunta la acotamos un poco más, para mí es ventajoso digo ventajoso sin saber sobre qué estoy tomando ventaja..

a) De la música en relación a otra actividad

No, yo no creo en eso, es según el uso que uno haga de la música, la música como está considerada dentro de la currícula escolar y demás es desventaja misma para la música, para la profe y para esa gente que a niños de 6 ó 7 años le mete una flauta dulce en la boca y le enseña a tocar "Dos por diez", "El lagarto y la lagartija" y que después no ve la hora de sacarse de encima a esa persona que le está diciendo eso todo el tiempo o ese tipo que les está enseñando "La flor de la Cantuta" y agarrar, y decir "¡Dios, que se termine la hora de música!".

Porque la hora de Música es un lío por que los chicos están [...] es la hora libre de las maestras, la hora libre de Plástica, de Teatro, por que el Profe de educación física zafa un poco más porque los chicos juegan al futbol o al voley, me entendés? Y les gusta, y va más allá del profe.

Porque esta profe que los puso a palmear corcheas y negras, vos decís, para qué? Es una desventaja para todos, ahora si uno de alguna manera propone, presenta una pasión por algo, pero así como el sesgo de lo que sería, o el costado de lo que sería la educación misma, eso adquiere otro estatuto, digamos, yo creo que eso le puede pasar a la música, a la carpintería, a la historia, o a la física nuclear, o sea, me parece que tiene que ver con la relación con el Otro, con la relación que uno establezca con el Otro va a ser ventajoso o desventajoso para algunos de los dos o inclusive para el objeto que está puesto en juego.

5. ¿Posibilidad de integración posterior de un niño a un grupo?

Para mí está atado eso con lo anterior, en el sentido de esto, si hay alguien que está hecho un bollo en un rincón, ponele y está ocurriendo algo, para mí esa persona que es autista, o loco, o que se yo, lo que fuere, que está hecho un bollo, baboseándose, o hablando solo, no hay manera de que eso esté pegándole en el cuerpo, uno podría, hay que ver qué es lo que uno espera de una integración, digo, por que por ahí si uno considera la integración como cosa de a ver..que se ligue a sus pares, que empiece a establecer vínculos sociales con eso y qué se yo, y sí, puede ser factible que se integre a partir de eso, y también puede que no, por que no tenemos manera de saber hasta que no haya una cuestión, un gesto, algún destellito de ese lado del que llamamos con problemas, para éste, no tenemos manera de saber si eso lo está acercando o alejando. Porque para todas esas cosas, la cosa produce una serie de síntomas y hay que ver cómo le pega la música a esa persona, como para que en una de ésas le está pateando afuera todo el tiempo. Hay que ver cómo uno labura con eso, pero estamos hablando de cada loco, estamos hablando de cada uno.

Podría ser posible la integración, pero esto para mí no hace a la música, más importante que cualquier otra cosa. Yo he hecho algún recorrido por algunos discursos, símil terapéuticos si se quiere, como que anteponer eso de cosa terapéutica al arte…Yo creo que es porque hay muchos locos que han sido artistas, entonces sí, uno puede decir que la pintura para Van Gogh fue terapéutica, que la Literatura para Joyce fue terapéutica, que la música para Charly García es terapéutica, pero es una cosa de, ¿porqué? ¿Porqué no puede ser la carpintería para Juan que vive a la vuelta, terapéutico también, esa cosa mítica, para mí es mítica, de la cuestión de los discursos terapéuticos, diseccionados hacia las artes, habría que ver de dónde vienen.. digamos, para mí son objetos de trabajo, pasiones de cada uno, y sólo eso, en el sentido, que por ahí educación por el Arte, Musicoterapia, y Arteterapia, Laborterapia, le demos a las terapias, dejemos de hinchar con la metodología y los métodos para curar gente.

Bueno, yo de alguna manera sigo creyendo en el psicoanálisis gracias a que en algún punto está corrido de esas cosas, sí, qué se yo, insisto es como una cosa así de cómo uno está posicionado frente a eso y frente al mundo como uno anda viviendo y moviéndose entre las cosas.

6. Acerca del trabajo con el silencio como concepto:

El silencio, lo que pasa es un elemento, me parece que desde la misma forma, eso está presente todo el tiempo, no habría, los opuestos juegan juntos y no juegan como opuestos, en el mismo punto están las dos cosas, digamos, en el mismo punto están el silencio y el sonido, y en el mismo momento y al mismo tiempo, lo que permite que algo suene es el silencio que lo secunda, entonces si uno no está escuchando el silencio, es porque justamente es ese silencio lo que nos está permitiendo escuchar otra cosa. Es el silencio lo que permite escuchar como laburamos, nos callamos la boca, no toquemos nada, y bueno, escuchamos al colectivo que pasó por la esquina.

Yo no puedo dividir la música en sonido-silencio. Tampoco la puedo dividir en melodía, armonía, no puedo eso es un atomizador de ver por partes de los conservatorios, ese descuartizamiento que hacen las instituciones musicales, bueno, a ver. Hagan música, a ver, pasame la armonía de tal tema y es I, IV, V, no es eso, es otra cosa. La música es una sola cosa, sí hay un montón de elementos que se juegan, la vida está en juego, y la muerte al mismo tiempo.

No hay,.¿Cómo laburamos al silencio? Y, ahí está el silencio, sonando.

7. Relatar cómo se estructura o planifica una clase (distintos momentos)

Entrevista n° 6

1. Profesión: Profesora de música

2. Acerca de la elección de la música para abordar el autismo

Yo en realidad, el trabajo mío son horas que entran dentro de la currícula, entonces no es que yo elija trabajar con chicos autistas, sino que yo tengo un grupo a cargo y en caso mío, los chicos con grado de autismo fueron en el nivel inicial, la escuela es solamente de nivel inicial. Yo cuando empecé a trabajar con los chicos en realidad caí a una escuela especial y ahí tuve que empezar yo a investigar de qué manera yo incentivaba a los chicos de alguna manera con el tema de la música, pero no fue nada elegido por mí.

3. Objetivos y modalidad de trabajo

a) ¿Usan instrumentos musicales?

Usamos instrumentos musicales, pero lo que utilizamos son los cotidiáfonos, más que nada por una cuestión presupuestaria.

b) ¿Cotidiáfonos?

Son instrumentos para sacudir, frotar, chocar, ese tipo de cosas, con materiales tipo botellas de plástico, cosas con las que los chicos están muy familiarizados, y al mismo tiempo no se trabaja con instrumentos armónicos, no trabajo yo con instrumentos armónicos, sino que más bien el incentivo es por medio de música grabada, o por música cantada por mí y por los chicos.

Armónicos no, por una cuestión de presupuestos, y no por algo puntual.

c) ¿Realizan audiciones?

Fuera de la escuela no. En la escuela trabajamos, sí con música.

Algún estilo musical?

Yo más que nada lo que trataba de hacer era canciones infantiles y temas grabados con música ambiental, si querés llamarla de alguna manera, que los chicos estuvieran en un clima tranquilo, expresar lo que ellos quisieran y que en algún momento saliera la motivación por algo.

d) ¿Empleo de la actividad vocal?

Sí, apunto yo a eso, en realidad, por que lo que tiene es que mi formación no fue para nada en discapacidad, entonces cuando a mí me toca laburar en escuelas especiales es como que yo empiezo a ver cuáles son las pautas mías y las de la escuela, y de alguna manera, en la escuela se trabaja más sobre el tema de los hábitos, se trabaja más sobre el tema de la oralidad, cuando son chicos sin lenguaje, y no sobre otros aspectos, como que la música cantada también es lo que ellos apuntan hacer. Por ahí, laburar con fono, con la fono y tratar de ver qué tipo de tics pueden llegar a tener los chicos a nivel de estructura, de lenguaje, que por ahí será un monosílabo lo único que produce entonces ver de sacarlos un poco de esa parte o mejor cambiar yo ese tipo de laburo.

e) ¿Crean instrumentos musicales?

Sí, claro, esos son los cotidiáfonos.

4. ¿Ventajas y desventajas de la aplicación de la música?

No entiendo, Si el tema de la música está pensado por lo menos en la escuela como un espacio diferente. Como una cosa de que los chicos hacen con el tema de la música y toda esa historia y no sacarlos de eso. No creo que sean desventajas. Sí, lo que he hecho muchas veces ha sido no trabajar de música, no dar clase de música, estar a lo mejor compartiendo con los chicos un juego, pero a lo mejor no desde lo musical, sino desde lo vincular. Hay toda una cuestión de vínculo que no la podés separar de la parte musical, por eso más allá de las ventajas y desventajas, me parece que es una cuestión del vínculo que uno crea con los chicos y que la música puede llegar a ser un puente de vínculo entre el docente y el alumno.

5. ¿Posibilidad de integración posterior de un niño a un grupo?

Sí, yo creo que sí, y creo que justamente cuando estamos trabajando con discapacitados, de alguna manera, digamos que las áreas especiales dentro de lo que uno trabaja es donde el chico se siente menos limitado. Entonces el trabajo en grupo es más fácil, como que ayuda para que el chico pueda integrarse al grupo y a la cuestión grupal, pero de trabajo grupal, no el grupo por decir "trabajo con cinco chicos" sino que son cinco chicos trabajando.

6. Acerca del trabajo con el silencio como concepto:

Yo creo que el silencio es sumamente importante sobre todo por la cuestión no-invasiva. Dentro del silencio te metés en el mismo lenguaje de él, de ahí van surgiendo más cosas que cuando estás permanentemente hablando, entonces el silencio es una forma de conexión, por ahí encontrás la mirada, encontrás un montón de cosas, que si al chico lo estás permanentemente motivando e incentivándolo para que haga, no hace nada. Es como que lo inhibís más, que le estás hablando de otra cosa. En cambio, el silencio hasta entre ellos mismos crea un vínculo distinto, como que en algún momento buscan la acción, salir de ese silencio, buscar alguna cosa que haga ruido, mirarlo al Otro para que toque algo, entonces es como que es bueno trabajar con las dos cosas. Hay momentos donde ellos mismos te lo marcan, ellos mismos si vos estás atento te dicen cuando se puede armar lío y cuando no. Cuando necesitan la calma.

7. Relatar cómo se estructura o planifica una clase (distintos momentos)

Entrevista n° 7

1. Profesión: Estudiante

Soy estudiante de la Licenciatura en Composición Musical en la Escuela de Música de la Universidad Nacional de Córdoba, faltan dos materias para recibirme.

2. Acerca de la elección de la música para abordar el autismo

Acerca de la elección de música: "Música es una de las materias que tienen ahí, en el Instituto. Es lo mío, y además ahí pedían profesor de música porque consideran que la música es importante para ellos."

3. Objetivos y modalidad de trabajo

a) ¿Usan instrumentos musicales?

Sí, tengo un tecladito y armamos instrumentos cotidiáfonos y trabajamos con eso. Más que todo, yo siempre empecé con lo individual, no sólo con los autistas sino con todos. Lo individual y después buscar de a pares, haciendo actividades para lograr la comunicación, primero conmigo y después entre los compañeros. Yo trabajo con niños que tienen entre 8 y 9 años.

b) ¿Realizan audiciones?

Sí, prefieren la música tranquila tipo "New Age" pero también hay chicos que les gusta mucho la música movida, pero generalmente prefieren la música tranquilita tipo Enya, Vangelis, eso les gusta mucho. Podés trabajar mucho lo que es senso-percepción, esa parte y para lograr una actividad más social, la música infantil, movida o por ahí el cuarteto.

c) ¿Empleo de la actividad vocal?

Algunos chicos sí te repiten canciones por ejemplo, en otros idiomas, por ejemplo he probado con música mapuche, y hay chicos que se prenden en eso. Hay un chiquito que tiene muy buena memoria y ése chico escucha la radio y ya a los segundos te repite la canción igual, tal vez no te haga, ése chico por ejemplo, no te agarraba ningún instrumento, pero escuchaba una cosa y ahí nomás al toque te la repetía, bueno, con la posibilidad de su lenguaje por que digamos este tipo de autistas donde estoy trabajando, no es psicológico, son todos por problemas neurológicos, así que medio que tienen que problemas en el habla, y por ejemplo ése chico no toca instrumentos, pero lo que es la parte cantada, es impresionante.

d) ¿Crean instrumentos musicales?

Sí, todo lo que es maraquitas, todo lo que tenga soniditos más bien no muy agudos, ni muy fuertes. Generalmente prefieren los graves, lo que retumba, o lo que les da sensación de agua, el palo de lluvia les encanta. A ese grupito, ¿no?. Bueno, las maraquitas con arroz, chiquitas, así eso les gusta mucho. Pero por ahí hay sonidos agudos, o cuando cantan y alguno canta muy agudo, algunos compañeritos por ahí gritan, que todo lo que es agudo y fuerte no. Más bien todo tranqui.

4. ¿Ventajas y desventajas de la aplicación de la música?

Desventajas me parece que no. Me ha pasado en un grupo, que yo no sé, por ahí si han seleccionado mal, por que por ahí el diagnóstico que les dan, no son todos los chicos exactamente iguales, entonces por ahí meten un chico que no está muy bien así, con respecto a los otros, y no. He encontrado una chica, por ejemplo, que no, la alteraba la música. Tal vez no encontré nunca lo que a ella le gustaba, o es que no, que no era la forma de ella, pero sí, por ahí encuentro que no, o rechazo a los objetos sonoros, tirarlo o tirárselo por la cabeza a los chicos. Hay chicos que prefieren el silencio, o que les cante al oído, que esté como conteniéndolo, cantándole despacito, pero nada más que eso, nada de música alta, pero en general, me parece que sí, que ayuda mucho.

5. ¿Posibilidad de integración posterior de un niño a un grupo?

Sí, pasa que generalmente a ese trabajo lo hace una psicóloga ahí en la escuela. Medio como que a mí me dan la parte digamos de la actividad. Sí, ayuda por ejemplo, el compartir los instrumentos. Por ahí no el escuchar, no la parte auditiva, sino compartir instrumentos. Por ahí que se pueda integrar, muy lento ¿no? pero sí.

6. Acerca del trabajo con el silencio como concepto

Alternándolo, sí. Con el grupo de los autistas o he probado mucho, con otros chicos sí. Probamos la importancia del silencio, la discriminación de lo que es el silencio, generalmente cuando ellos escuchan, el grupo que tengo a cargo con esa patología son medio escapistas, los tengo en una sala para trabajar y si no los tenés interesados en algo, se van, yo por ahí esto del silencio, hay muy pocos chicos que se quedan tranquilos, pero hay otros que, como que les falta algo, se empiezan a aburrir y chau, tratan de picarse de ahí.

7. Relatar cómo se estructura o planifica una clase (distintos momentos)

Tenemos que planificar las clases, pero siempre he tenido las cosas así. Vos llegás allá y te cambian la bocha, es impresionante, ellos te van llevando a lo que quieren hacer. He trabajado con sahumerios, con sábanas, todo lo que es oscuridad, cambiando la música, en parte integrando otras áreas, por ejemplo ponerles música y agarrar un papel y dibujar qué es lo que están escuchando, jugar con pelotas, con otros juguetes, ellos te van llevando a lo que tienen ganas, por ahí tienen un día ganas de explorar el teclado, todos los soniditos, tiene varios botoncitos y los vuelve locos, escuchar sonidos diferentes, generalmente ellos te lo piden. Escuchan por ahí bailes, escuchar, dibujar sobre lo que escuchan, bailar, moverse, antes que tocar instrumentos.

Hay chicos que por ahí no les gusta, prefieren bailar. Vos los ves que solitos se mueven, o van de acá para allá caminan, van vienen y les gusta mucho eso. Con el propio cuerpo, trabajamos manos, pies, con la panza, rodillas, de compañero a compañero, explorare, conmigo también y los que pueden hacer la parte de sonido con la boca, también. Los que pueden nombrar trabajan así.

Entrevista n° 8

1. Profesión: Músico

2. Acerca de la elección de la música para abordar el autismo

Soy músico. La música brinda un espacio donde los chicos pueden expresar y sacar afuera un montón de cosas. Poder hacer, ellos pueden hacer, dentro de un orden pero también de libertad. Por medio de la música, los niños obtienen satisfacción, reconocimiento. En el caso específico de los chicos con problemas, generalmente la música tiene una línea de comunicación, ya que es un lenguaje distinto del lenguaje verbal, la música es un lenguaje no-verbal, hay una línea de comunicación con el otro lado. Es un método de conexión con eso. Siempre he visto trabajo con idas y venidas en cuanto a la evolución. Los chicos de acá tienen graves problemas neurológicos y mantener logros es más difícil. Igual, siempre hay signos, como miradas al Otro, la comunicación con el profesor, gestos, sonrisas, determinadas conductas, palmear, aplaudir.

En resumen, en la música es importante lo expresivo, permite poder hacer, ellos mismos son los protagonistas y la cuestión de la comunicación también está incluida en todo esto.

Así todo, aquí todos los grupos son distintos y las poblaciones también, o sea que es un trabajo según las características personales, no hay fórmulas hechas e impuestas.

3. Objetivos y modalidad de trabajo

a) ¿Usan instrumentos musicales?

Sí, trabajamos con lo que se puede, que es lo que está a nuestro alcance.

b) ¿Realizan audiciones?

Sí, escuchamos de todo, desde música africana hasta música clásica. Voy probando con diferentes cosas y según, si alguien hace clic y le cae la ficha, o no. También trabajamos con canciones, con los más chicos y de los grandes, con los que presentan trastornos más severos. Las canciones son de estímulo pero a veces no se puede mantener la atención, esto es una eterna práctica, el trabajo es exigente y hay que buscar cosas nuevas permanentemente.

c) ¿Empleo de la actividad vocal?

Sí, trabajo con dos grupos, con uno u otro, en el grupo de los más grandes, se dan otros contenidos básicos, talleres trimestrales, semestrales o anuales. Acá, hay maestras, terapistas, y yo soy el único que trabaje específicamente para la cuestión expresiva. Hemos hecho murga, con música y psicomotricidad, utilizando banderas, pañuelos, pelotas, hacemos canciones con los chicos, a nivel del texto. Por ejemplo, eligen canciones conocidas, y les arreglamos el texto.

d) ¿Crean instrumentos musicales?

Acá, sí, con los que pueden los trastornos motores son muy fuertes, hemos hecho palos de lluvia, los más grandes hacen instrumentos para los más chicos. Los jóvenes hacen regalos para los más chicos, en fechas especiales, como por ejemplo, para el día del niño. Hacen maracas, cosas más sencillas.

También trabajaron los padres (pero no junto con sus hijos, sino solos) haciendo cosas. No en grupo con los hijos debido a las imposibilidades muy severas de algunos, y también por problemática social, por la distancia, algunos viven muy lejos y no pueden venir, es muy conflictivo.

4. ¿Ventajas y desventajas de la aplicación de la música?

Por lo menos, pensando en desventajas, creo que en lugar de hacer progresos con el trabajo con un paciente, ¿qué puede pasar? No implica gran riesgo, si te llega a pasar y tenés respuestas, ahí nomás se puede revertir. El espectro de la música es muy amplio y hay muchas cuestiones precisas, en juego, lo psicológico, lo social, es relativo.

Cuando recién entré, me dijeron a fulanito no le gusta la guitarra, antes que yo entrara a trabajar acá, venía un chico de una iglesia y tocaba la guitarra y a este paciente no le gustaba, lo ponía mal, así como los eventos especiales donde había mucha música, como actos, etc.

Y, bueno, con él, para trabajar, comencé a cantar a capella, con distintas tonalidades, no muy agudo y de a poco, ahora canta tres canciones seguidas acompañado con la guitarra. Es un chico con muchas dificultades por problemas óseos y de otro tipo, casi sin posibilidades de comunicación, y disfruta más con la música, y así y todo, su canción preferida es con mucha percusión.

Hay muchos caminos, a pesar de las desventajas, lo óptimo sería tocar un poco de todo, manejar todos los instrumentos, acompañar, tener un amplio espectro, tocar guitarra, percusión, etc. No como un instrumentista, pero sí tener un manejo general de todos los instrumentos, ya que no es lo mismo las audiciones que la música hecha en el mismo momento, eso es muy fuerte, la presencia de alguien tocando, frente a uno, es muy movilizadora.

5. ¿Posibilidad de integración posterior de un niño a un grupo?:

No puedo responderte eso, porque no he tenido experiencias. Supongo que sí. He trabajado con algunos chicos, de forma individual, pero debido a la realidad de la condición de trabajo (sueldo, horas, etc.) no se pudo continuar con esa modalidad. Tendrías que hablar con alguien que haya experimentado eso, igual, depende de cada caso, la posibilidad de integración o no.

6. Acerca del trabajo con el silencio como concepto:

El silencio es un elemento más de lo musical. Lo tomo como un parámetro al igual que los otros parámetros, la altura, la intensidad, el silencio también se trabaja.

7. Relatar cómo se estructura o planifica una clase (distintos momentos)

Mirá, acá hay dos grupos, uno, de los chicos con casos más severos y trabajamos en la misma sala en donde están ellos. Primero preparo el espacio. Generalmente empiezo con canciones, siempre es la misma. Cada chico tiene su canción, han ido probando y aquella con la cual había una mayor respuesta, o interés o gusto, ésa es la utilizada. Según el día, las actividades varían, depende, de acuerdo a la situación de cada uno, si está enfermo, por ejemplo. No siempre se pueden usar instrumentos, pero si se puede, los usamos para escuchar la vibración, estimular movimientos funcionales, ya sean mucho o poco (que tengan cada uno, según sus posibilidades)

También hacemos audiciones individuales con auriculares, o actividades más grupales, trabajamos con luz, colores, elementos, títeres, no exclusivamente sólo con música. Siempre hay dos momentos, uno grupal y otro individual, también de acuerdo a los chicos, que son distintos.

Pero, la planificación para las clases, en líneas generales, no difiere para nada de cómo lo haría en el caso de trabajar con chicos "normales", es igual que si lo hiciera en una escuela común.

Entrevista n° 9

1. Profesión: Maestra de música

Soy maestra de música, trabajo en dos Centros de día, en uno trabajo con 50 jóvenes y adultos con características de debilidad mental, mayoritariamente ése es el rasgo preponderante, en un Centro de día con 12 jóvenes, donde sus rasgos de personalidad son psicóticos o autistas.

2. Acerca de la elección de la música para abordar el autismo

Bueno, la cuestión de la elección, en principio fue un poco casual, la cuestión de buscar trabajo y tener disposición para trabajar en escuelas especiales y bueno, trabajé por primera vez en una escuela especial en un proyecto de la Secretaría de Cultura, para el interior, que exigían hace muchos años atrás, trabajé en el Interior en una escuela, y bueno, esa experiencia era un proyecto de animación socio-cultural, me pareció muy interesante. Yo había hecho cuando era estudiante de música mucho tiempo atrás, una experiencia de Yo auxiliar con un Psicólogo psicodramatista y también ha sido una experiencia que me había parecido interesante, no eran autistas, pero eran sus pacientes y eran unas intervenciones que a mí me hicieron pensar que lo mío podía tener que ver con la Musicoterapia, o algo con la salud.

3. Objetivos y modalidad de trabajo

a) ¿Usan instrumentos musicales?

Sí, básicamente la modalidad de trabajo es de exploración sonora, del entorno cercano y lejano, y de exploración corporal. Hacemos percusión corporal, exploración vocal, se trata del lenguaje, cuando haya lenguaje hablado, y canto, iniciación al canto, manejo de instrumentos de percusión, exploración de elementos e instrumentos simples, de objetos sonoros simples, con cuerdas, membranas, varillas vibrantes, construcciones, o sea, con instrumentos convencionales y no convencionales.

b) ¿Realizan audiciones?

Sí, trabajamos con mucha audición musical, música que llevo yo y música que por ahí se que ellos escuchan, que al menos han manifestado así tener interés por alguna música, la incluimos. En cuanto al género, es de lo más variado, la idea es enriquecer su ámbito musical, así que mientras más variado mejor.

c) ¿Empleo de la actividad vocal?

Hacemos mucha exploración vocal, sobre todo en el trabajo con rasgos autistas, ése es el fuerte del trabajo, trabajar sobre las emisiones vocales y en las personas con rasgos psicóticos yo trabajo bastante la cuestión de pasar de lo indiferenciado, tratar de hacer una propuesta de diferenciación. Primero mimetizar mis producciones vocales con las producciones vocales de ellos y después empezar a sumar nuevos elementos que llamen la atención, que den alguna pauta de que es otro el que se está percibiendo.

d) ¿Crean instrumentos musicales?

Sí, en la medida de lo posible, hacemos construcciones de objetos sonoros de acuerdo a las posibilidades de manipular herramientas, o..pero sí, por lo menos casi toda la gente con la que trabajo, hemos construido sonajas, hemos rellenado, trasvasado. Por ahí son construcciones medio delirantes, porque para la lógica mía, por ahí no corresponden a ninguna consigna en concreto, vos tirás una propuesta y esa propuesta empieza a tomar un rumbo muy independiente por ahí de las ideas que vos llevás. Es un puntapié inicial que tiene, que lo que sí tiene que ver con experimentar con el trato de los objetos, con la observación de si las cosas se mantienen en equilibrio, con las cuestiones físicas de los objetos.

4. ¿Ventajas y desventajas de la aplicación de la música?

A mí me parece que hay muchas ventajas, cuando vos decías autismo pienso en tres personas, pasa que donde yo trabajo en los lugares donde yo trabajo y en la modalidad que yo pienso en mi trabajo yo no sé si estaría hablando de autismo, o sea, como que soy medio reticente a los diagnósticos. Por otro lado, no existen, o sea a mí no se me comunican diagnósticos de las personas, con las que yo trabajo formalmente. Yo soy convocada como maestra de música y bueno, yo tengo una formación que es una decisión personal, no es un lineamiento de los equipos de trabajo. Los grupos de trabajo son sobre todo en la gente con la que yo trabajo, tratamos de de hacer clínica, haciendo un seguimiento interdisciplinario conjunto. Con todas las personas que trabajan, las personas que concurren a la institución.

Así que yo pienso sí en las personas con menos posibilidad de lenguaje, con mayor grado de retraimiento, con poca posibilidad de manifestar su grado de socialización, y en esas personas la música ha ido una herramienta fantástica. Como que son cosas que se transfirieron del área donde yo trabajo a las otras áreas, en el caso que yo conozco. Desventajas?: Por ejemplo, cuando yo trabajo en grupo con otras personas, las que tienen rasgos autistas, tienen poca tolerancia al bullicio, son como que tienen reacciones poco previsibles a las manifestaciones sonoras, o sea, hay que estar sumamente atento por que por ahí algo que a otras personas les genera molestias pareciera resultarles indiferentes, como que son muy particulares las reacciones con los eventos sonoros y me parece que es de cuidado la cuestión de grupo, o de convivencia. En eso les marco mucho a mis compañeros de trabajo la cuestión de lo sensible que pueden ser a la polución sonora, cosas que culturalmente tenemos re-asimiladas como una radio permanentemente prendida o un casete a bajo o a fuerte volumen, algo que uno en un momento llega a obviar en la escucha, y por ahí este tipo de pacientes es algo que los obnubila, es algo que les ocupa totalmente la atención, una radio abajo volumen o trabajar con grabador periodista, lo imperceptible del motor de un grabador los perturba, los inhibe, bueno como que me parece que por trabajo grupal o para la estadía compartida en los espacios, la música suele ser demasiado perturbadora.

De las personas que yo conozco, eran personas muy perceptivas a las manifestaciones audibles. En general, yo trato de ir haciendo un seguimiento, vera que sonoridades responden aparentemente de forma más placentera, con más agrado.

Sobre todo la cuestión del trabajo vocal, toda la cuestión de exploración vocal, chiflidos, soplidos, es muy habitual como una superactividad en la cavidad oro-facial.

Por ahí esas cosas si uno hace la experiencia, te das cuenta que son conmovedoras, si vos estás haciendo ese ruido, eso tiene un plano, un super primer plano para la audición. Si vos haces esa experiencia..hay una joven con la que trabajo que permanentemente hace un sonido gutural y se mete los dedos dentro de los oídos y los bate. Si vos hacés esa experiencia te das cuenta que no se escucha nada de alrededor del mundo. Es una cerrazón total a lo que ella pueda percibir si vos hacés esa experiencia, te das cuenta que no escuchás nada. Como cuando eras chico y te tapabas los oídos y no escuchabas nada.

5. ¿Posibilidad de integración posterior de un niño a un grupo?

Sí, yo creo que sí. Por ahí lo que me parece es que con el caso así de personas tan ensimismadas, está bueno tenes en cuenta que los procesos no son previsibles, si como que no son los habituales, por ahí en una instancia, esa persona puede participar de una actividad después vuelve a una situación de retraimiento e hipersensibilidad, me parece que después de años, ves que sí, se habituan como esta joven de la que te hablaba, abre la puerta y entra al salón donde yo estoy trabajando con otros chicos, viste donde estamos por ahí tocando tambores muy fuerte, que comparando esto con hace unos años atrás, si entraba un compañero y estábamos nosotras solas y empezaba a palmear o a hablar, o sea agarraba la puerta y se iba, huía. Entonces, sí, me parece que se dan así algunos procesos, pero bueno, pasaron las vacaciones, no fue a la Institución y es muy común que haya todo un período de adaptación nueva a ese tipo de actividades, a la cercanía, al roce, a sostener la mirada, todo esto que se da más rápidamente que la primera vez, pero hay que retomar de nuevo.

6. Acerca del trabajo con el silencio como concepto

Pienso que uno cuando trata de definir así el silencio, ¿qué es? Es la ausencia de sonido, el silencio en la música es articulador del lenguaje, como en los demás lenguajes y yo cuando hablo con los Acompañantes terapéuticos, es el soporte, como el elemento plástico, la hoja en blanco, o sea el silencio es el soporte del trabajo, y en el caso nuestro del autismo, es un soporte difícil de soportar, hay que bancarse estar en silencio 40 minutos con una persona que te sostiene la mirada o que te huye y no intervenir, soportar la ansiedad, las cosas propias, que entran a tallar en estas instancias. Pero a mí me parece que es riquísimo para este trabajo y para la vida, soportar el silencio, hacer la experiencia, bancarse la quietud, también así como el distinto ritmo de la actividad, hacer esa experiencia.

7. Relatar cómo se estructura o planifica una clase (distintos momentos)

En los lugares donde yo trabajo, en general el trabajo es grupal, entonces bueno, en el Centro de Día donde trabajo con personas con discapacidad, trabajo con grupos de 10 personas, van rotando los grupos por el taller de música, y bueno, vamos teniendo..yo trazo una planificación acorde a las demandas que he ido escuchando, a las cosas que han ido surgiendo, que me han interesado de trabajos anteriores, propuestas mías, nuevas exploraciones mías en el campo de la música, con instrumentos, materiales y bueno, tratando de hacer bastante trabajo corporal, y de a la vez trabajar lo musical, y lo musical como medio para otro tipo de actividades, sobre todo, todo lo que apunte a la autonomía en su vida, a su independencia, a su comunicación en general.

Por lo general, por que no es optativo el taller de música donde yo trabajo. En una de las Instituciones, no es optativo, es una rotación obligatoria y entonces yo tengo que tratar de hacer una oferta que sea interesante desde lo recreativo, lo formativo musical, para las personas que tienen genuino interés y para las personas que vienen por una circunstancia casual, y bueno en el caso de la Institución con jóvenes psicóticos, ahí es más o menos organizado. Depende del momento que están transitando, de como es tan difícil la cuestión de manifestar y mostrar deseo, o atisbos de deseo o inquietudes se está muy alerta a cuando eso aparece, si alguien que venía habitualmente cuando yo llegaba se metía en el aula a trabajar conmigo con el teclado y en un momento deja de tener esas actividades, se explora lo que puede estar pasando con este cambio, pero bueno, en las dos instituciones van adquiriendo lo estrictamente musical, enriqueciendo un lenguaje expresivo, parte de lo que tenían y parte de cosas que van sumando. La idea es ampliar el manejo del lenguaje musical.

Entrevista nº 10

1. Profesión: Licenciada en Fonoaudiología. Está cursando una maestría de Neuropsicología en Facultad de Psicología, se encuentra en la etapa de la tesis, sobre Trastornos del Lenguaje y Autismo.

2. Acerca de la elección de la música para abordar el autismo

Aquí se utiliza a la música como a un recurso para motivar al niño. A la mayoría de los chicos con autismo les atrae mucho la música, y a veces en algunos casos es uno de los canales por donde se puede empezar a trabajar con estos chicos. Eso les da otro estado, disminuyen su nivel de ansiedad, debido a sus motivaciones, entonces pueden colaborar y empezar a establecer los primeros vínculos comunicativos.

3. Objetivos y modalidad de trabajo

a) ¿Usan instrumentos musicales?

Sí, yo como no se música, no utilizo grandes instrumentos, como piano y guitarra, pero uso pianitos infantiles, toc-toc, maracas, panderetas, tambor, más de uso de los niños, como juguetes.

b) ¿Realizan audiciones?

Sí, usamos el pasacassette. Funciona a full, y depende..como yo trabajo los trastornos de la comunicación, específicamente trabajo la comunicación con esos chicos, lo utilizo según qué patología del lenguaje tenga el chico. Hay chicos que hablan y pueden cantar, usamos, ellos van escuchando y trabajamos todo lo que es la atención, discriminación, de palabras, melodías, sonidos, todo depende del nivel de funcionamiento que tenga el chico. Indudablemente tenemos momentos en los que necesitamos que presten atención al estímulo auditivo, para que después puedan prestar atención al habla de los otros, que de alguna manera ellos vayan agudizando esta posibilidad de escuchar, las destrezas de escuchar, y que le permita encontrar un significado.

Nosotros básicamente utilizamos a la música como principal motivador para lo que es poder conectarse con el otro. Usamos la música como forma de expresión y de favorecer a la intencionalidad, la iniciativa, trabajamos para mejorar la posibilidad de funcionamiento atencional, porque por ahí las palabras o cosas que se escuchan, en muchos chicos, pasan de largo, entonces los chicos no entienden esto de que una palabra pueda estar relacionada a un significado y muchas veces a través de la música tratamos de que ellos empiecen, primero, escuchando lo que más les gusta para después pasar a comprender los sonidos desde el habla, el lenguaje.

En algunos niños es necesario eso, otra función también es favorecer la imitación, como estos chicos están limitados a una cantidad de representaciones, entonces a través de la imitación, ya sea de movimientos corporales, de sonidos, todo el tema de ritmos, la música es en algunos de los casos con lo único que el niño puede seguir la consigna, y podemos obtener una respuesta del niño, porque realmente está motivado y en muchos casos debido a la característica del síndrome, los chicos tienen mucha selectividad respecto a qué música escuchar. Que sean canciones que les gusten, Eso es especialmente en lo que son los inicios. Después uno trata de ir enfocándose a los objetivos que tenemos que son más del lenguaje hablado. La relación comunicativa a través del habla, después se va como armando un trabajo musical. Nosotros utilizamos muchas canciones infantiles dependen las edades, tratamos de buscar siempre canciones que estimulen el lenguaje verbal, un casete que se llama "Cantando, aprendo a hablar", imitando sonidos que faciliten los movimientos corporales.

A través de la música nos va permitiendo ir encarando estos aspectos, tratando de que el chico pueda cooperar.

Ahí está el mayor problema, motivarlos. Tienen intereses tan restringidos todos, que les cuesta trabajar con ellos. Incluso en lo que es la primera relación que uno mantiene con el niño (yo digo niño, aunque por ahí vienen más grandes, algunos adolescentes, pero niños, digamos). Trabajamos mucho el Jardín Terapéutico, con niños de edad pre-escolar con diagnóstico de autismo. El lograr que puedan ser guiados, puedan ser contactados físicamente, todo eso es como que uno espontáneamente el chico no puede establecer cierto vínculo con el terapeuta, pero uno a través de la música como que nota que el chico cede y puede disfrutar de una actividad placentera y puede comenzar a relacionarse con el otro. Que sirve para los inicios, después uno va tratando de incorporar otras cosas. Hay chicos que hay que enseñarles a hacer cosas, cómo hacerlas. Si queremos que haga una tarea en mesa, con lápiz y papel si o tolera que uno le dirija la mano, muchas veces, a través de la música, nosotros trabajamos, tocamos las partes del cuerpo, la desensibilización desde muchos aspectos, de lo corporal, de sensaciones que no le podes hacer en una terapia física, solamente. Entonces, a través de la música se logra generar una situación comunicativa como muy, mucho más espontánea. Ahí es donde nosotros nos damos cuenta hasta dónde llega la limitación, si es tan severa, moderada o leve, en lo que es poder relacionarse con el otro.

En cuanto al estilo musical, según el interés del niño, nosotros por lo general trabajamos o tratamos, si tenemos que elegir, por la edad del niño, tratamos de que las letras de las canciones sean lo más claro posible. María Elena Walsh, tiene muy buena dicción. Si queremos que el chico repita, no usamos canciones en inglés, salvo que al niño le guste, y bueno, desde un trabajo más corporal, de compartir, lo que hacemos mucho es incorporar a través del canto, en los momentos del juego, o de hábitos, una canción para lavarse las manos, muchas veces acompañamos la consigna con una melodía, o acompañamos la acción de un muñequito tipo "sube, sube", canciones que nos surgen a nosotros solamente, o de otra canción, con una melodía y pareciera que el chico le presta más atención a lo que se le dice, si es mediante una melodía.

c) ¿Empleo de la actividad vocal?

Apuntamos a imitar sonidos, por ejemplo, imitar los finales de las palabras, aplaudiendo. Un chico que es mínimamente verbal, que no usa muchas palabras, tratamos de que con la canción nos diga el final de la palabra, de la sílaba, se trabaja eso específicamente ya no vocalizar como enseñanza del canto.

d) ¿Crean instrumentos musicales?

No por lo menos no ha surgido eso. Somos un equipo, es como que en particular yo no soy muy ducha, voy a un coro, cantar sí, pero no toco ningún instrumento.

4. ¿Ventajas y desventajas de la aplicación de la música?

Hay ventajas y son las más. Las desventajas pueden estar en el hecho de que sean niños muy rígidos, los chicos autistas son poco flexibles, de alguna forma, hasta de actividades compulsivas, si se acostumbran, eso es lo que puede llegar a jugar en contra. Uno tiene que evaluando los aspectos para ver como se va dosificando esta cuestión, como se usa la música, se trata de que haya variantes para que el chico se no tenga una actitud obsesiva.

Por lo general, si es una tarea a nivel grupal, siempre hay una tarea a nivel de música, dentro de la rutina, y si es una sesión individual, uno también trata de ver cómo es, si conviene al principio, para que el chico se motive o si es al final como una forma de premio por todo lo que estuvo realizando.

Entonces él va haciendo ciertos ajustes o cambios, ir disminuyéndolos tiempos de la exposición en la tarea. Es según el niño.

Hay niños de muy bajo nivel de funcionamiento que de la única forma que se puede trabajar con ellos es con música, entonces ahí no queda otra, y a medida que va teniendo mejores habilidades de comunicación eso se va disminuyendo. No está la música grabada pero sí estamos nosotros cantando, después pasamos a la palabra, a lo mejor los niños no pueden hablar, ni van a poder hablar.

No es escuchar la música y nada más. Sí puede ser en la casa, viste esos momentos en los que escuchás música o miran televisión, como una cuestión pasiva. Pero nosotros lo usamos siempre en forma activa y acompañando la música con gestos a nivel corporal e incluso lenguaje de señas. Nosotros usamos lo que e comunicación total, usamos lenguaje de señas, tratamos de que sean señas más relacionadas con gestos naturales y de hábitos de la vida diaria, comer, tomar, dormir, relacionados a lo diario. Si hay una canción por ejemplo, como "La reina batata", para nosotros el objetivo es que el niño preste atención a nosotros y a lo mejor están sentados de dos a cuatro y en semicírculo, conmigo al frente, tratamos de hacer cantar y dibujamos la canción con las manos, con señas, y a veces tenemos que recurrir a las del lenguaje de señas, pero no nos interesa que aprenda la lengua de señas, pero sí que vaya interpretando lo que escucha, que le vaya dando un sentido o un significado más que la palabra. Decodificar la palabra, la relación significante/significado es mucho más difícil para ellos. En realidad, se estimula así, en forma muy integral, a nivel auditivo, nivel visual, bien específicos y a nivel kinestésico, táctil, todo eso; también trabajo con expresión corporal, hacemos lo que se dice la canción, con las piernas, la cabeza.

5. ¿Posibilidad de integración posterior de un niño a un grupo?:

Sí, yo creo que depende de la persona que lleva a cabo la tarea, El musicoterapeuta; el hecho de que tiene que conocer muy bien el síndrome, para poder trabajar. Tiene que conocer muy bien cuál es la relación entre la conducta que ellos planifican y que está distorsionada la mayoría de de los casos, en relación a lo que están sintiendo realmente. Si la persona que va a trabajar con música conoce las características del síndrome indudablemente puede trabajar a través de la música. Después incorporarlo con un grupo (ya sea escolar), si tiene como nudo o hilo conductor a la comunicación. En ese sentido, sí. Mucha gente se dice de trabajar con autismo y no están manejando los conceptos claves, como respecto al abordaje.

La experiencia que yo tengo, nosotros incluimos en grupo, por una necesidad justamente, la socialización, la comunicación y el juego, se dan en interacción porque hay que trabajarlo en grupo. Ahí los preparamos a los chicos porque por ahí puedan ingresar a la escuela ya sea común o especial, no sé de un tratamiento individual. Si es un terapeuta de chicos con autismo, no es necesario hacer todo ese trabajo previo. El trabajo se hace ahí mismo. Vienen niños desde los dos años.

Nosotros en el jardín terapéutico no recibimos más de cuatro o cinco niños, pero con la mamá, así que ellos están constantemente guiados ya sea física o verbalmente. Vienen con la mamá o tiene que venir alguien con ellos, mamá, papá, empleada, abuela, alguien; la persona que está en contacto con el niño, y tiene momentos de cuidados del niño. Tienen que recibir como un entrenamiento, ellos actúan como co-terapeutas. Ellos hacen de nexo entre lo que nosotros como terapeutas estamos dando como consigna y si el niño no lo cumple o no lo puede hacer solito, la mamá le facilita.

Eso es muy efectivo porque es una atención individualizada, es de uno a uno, siempre. Lo que hace la mamá, funciona como puente entre nosotros y el niño.

Las opiniones de los papás hay que tomarlas muy en serio, son los que los conocen, hay que tomarlas como el papá te lo dice, es muy rara la situación en que el papá no sepa sobre sus hijos.

6. Acerca del trabajo con el silencio como concepto:

No, no trabajamos. Como que no. Se trabaja mucho en esperar que el niño logre un autocontrol, de "espero, o estoy sentado y puedo estar quieto, puedo esperar" "puedo prestar atención", pero con el silencio, no. En realidad precisamente tratamos de ocupar el silencio, justamente porque estos niños son aislados, se aíslan y pierden iniciativa para la comunicación.

7. Relatar cómo se estructura o planifica una clase (distintos momentos)

Usamos sistemas alternativos de comunicación. Tenemos a nivel grupal o individual, hay una rutina establecida, los chicos necesitan una estructura, la estructura es básica porque para que ellos puedan anticipar lo que va a ocurrir. La sesión o jornada de trabajo, tiene una estructura que es anticipada a través de fotos, carteles y objetos concretos. Según el nivel del niño, hay niños que necesitan fotos y hay niños que necesitan mirar la toalla que se saca de la cajita para anticipar que va a ir al baño. Las actividades que tiene que hacer están (y tratamos de que sean las mismas) sean que se pueda acomodar a esa estructura, está pautada, el niño ya sabe lo que sigue, lo que viene primero y lo que viene después. Esa es forma de pautarlo, en niños con un nivel de funcionamiento bajo, y moderado. En niños con bajo nivel intelectual, ya no lo puede anticipar verbalmente, el tema del lenguaje es notable como en niños de bajo nivel hay que suplantar el lenguaje verbal por uno visual, para eso se usan pictogramas, palabras escritas, dibujos, un tablero de comunicaciones de la estructura. Y se usa el objeto concreto. En otros niños que tiene mejor nivel, se da la consigna verbalmente y en cada momento se trabaja específicamente según los objetivos de programa que tenga cada niño.

Hay un programa grupal y parte un programa individual, cada chico tiene un programa según el nivel en el que están. Hay que saber, estamos estimulando lo mismo, pero de manera distinta y vamos a dirigirnos de manera diferente según su plan. Y en sesiones individuales, también se plantean los objetivos, se trabaja por áreas, yo a nivel individual trabajo el aspecto comunicativo y de socialización. A nivel grupal trabajo las áreas de hábitos de la vida diaria, lo que se hace en grupo, como un jardincito, pero terapéutico. Las habilidades de comunicación, juego y sociabilización. También el tema motriz y el desarrollo cognitivo.

Incluso en chicos que tienen lenguaje, hay chicos que pueden hablar pero no pueden unir frases, pueden transmitir sus ideas en forma organizada, o usan palabras sueltas, usan frases de dos palabras o nada más, o chicos que no hablan o hablan demasiado. La estrategia es en relación a lo que es el tratamiento, el lenguaje o la comunicación son distintos para cada trastorno del lenguaje, eso también hay que tener en cuenta.

Acá vienen chicos de edad pre-escolar, e incluso algunos bebés, hay chicos que a los siete u ocho meses había sospecha, se hace una cuestión presuntiva, y después se va viendo. Se trabaja y se va viendo, se trabaja a nivel de autismo que hay que poder detectar. Si se detectan esos signos; si es un especialista o un neurólogo bien especializado en este trastorno puede más o menos en base a las preguntas que le hace a los papás puede detectar. A partir de dos años pueden ingresar al jardín. Por lo general, chicos que necesitan aprender todo. Por eso es ideal el tratamiento grupal, temprano. Mientras más temprano reciba la intervención, mejor pronóstico.

Bibliografía

Alvin, J. (año1965) *Música para el niño disminuido*. Ed. Ricordi, Buenos Aires.

Aranguren J. L. (año 1986), *La Comunicación Humana*. Ed. Tecnos, Madrid.

Benenzon R. O. (1993)*Metodología e Investigación en Musicoterapia*. Actas Primeras Jornadas Internacionales de Musicoterapia. Asociación Española de Musicoterapia Madrid.

Benenzon, R.O.(año1971), *Musicoterapia y Educación*. Ed. Paidos, Buenos Aires.

Bleichmar S. (año 1984) *En los orígenes del sujeto psíquico. Del mito a la historia*. Amorrortu Editores, Buenos Aires, año 1999.

Bleichmar S. (año 1999) *Clínica Psicoanalítica y Neogénesis*. Amorrortu Editores, Buenos Aires, año 2000.

Böse A. (año 1993) *La vivencia del sonido en el hombre*. Actas Primeras Jornadas Internacionales de Musicoterapia. Asociación Española de Musicoterapia Madrid.

Brenner de Aizenwaser V.(año 1974) *Musicoterapia, vivencia, estética y salud mental*. Ed. Barry

Cejas S. y Rama S.M. (año1999) *Abordaje Interdisciplinario en el Tratamiento de Niños Autistas*. Estudio realizado en instituciones de la ciudad de Córdoba. Facultad de Psicología, Universidad Nacional de Córdoba.

Davis F. (año 1973) *El lenguaje de los gestos. La comunicación no-verbal*. Editorial Emecé, Buenos Aires.

Davison G. C. y Neale J. M. (año 2000), *Psicología de la Conducta Anormal*. Ed. Limusa, segunda Edición. México D.F.

Diccionario de Lengua Española. Vigésimo primera edición. Tomo I. Real Academia Española. Año 1992. España.

El Cisne, publicación mensual, marzo de 2002, año XII N° 139

Favre A. (año 1997), *Constitución subjetiva y Discapacidad*. IX Congreso Metropolitano de Psicología, Niñez y Adolescencia Hoy, "Etica, amor y violencia en la constitución de la subjetividad". Asociación de Psicólogos de Buenos Aires.

Fukelman J.(año 2002) *Sonidos:Juegos*. Versión electrónica. http://www.psiconet.com

Gallardo R. (año 2000) *El Musicoter@peuta*. Año 2, N° 5. Publicación del Estudio de Musicoterapia Clínica. Buenos Aires.

Gallardo R. (año 2000) *El Musicoter@peuta*. Año 2, N° 7. Publicación del Estudio de Musicoterapia Clínica. Buenos Aires.

Gallardo R.(año 1998)*Musicoterapia y Salud Mental*. Ediciones Universo. Buenos Aires, 1998.

García Pelayo y Gross R. (año 1991) *Enciclopedia Temática*. Tomo IV. Editorial Larousse. Buenos Aires.

Garrido Martín E. *Jacobo Levi Moreno, Psicología del encuentro* Apunte de cátedra de Psicología Clínica, Facultad de Psicología de la Universidad Nacional de Córdoba, año 1999.

Gonzalez, L. (año 2000) *¿Discapacidad?, una mirada psicopedagógica a lo especial*. Ediciones del Boulevard, Córdoba.

Gonzalez, L. (año 2001) *Aprender, psicopedagogía antes y después del síntoma* Ediciones del Boulevard, Córdoba.

Howard W. (año1961) *La música y el niño*. Ed. EUDEBA, Buenos Aires.

Laplanche J. y Pontalis J.B.(año1967) *Diccionario de Psicoanálisis*. Editorial Paidós, Buenos Aires.

Lovaas I. (año1996) *¿Qué es el Autismo?* Versión electrónica, http:/autismo.com

Mannoni M. (año1976) *El niño, su enfermedad y los otros*. Ed. Nueva Visión, Buenos Aires.

Masson S. y colaboradores (año 1987), *Reeducación y Terapias Dinámicas*. Ed. Gedisa, Barcelona.

Perez Serrano G. (año 1998), *Investigación Cualitativa. Retos e Interrogantes*. Ed. La Muralla, Madrid.

Primer Congreso de Educación musical del Noroeste Argentino (año 1967) VIII Setiembre musical tucumano. Serie Estudios y documentos. Centro de Documentación e información educativa 1967, Tucumán, Argentina.

Riviére A. (año1996) *Autismo.* Asociación de Padres de Autistas (APAdeA)

Riviére A. y Martos J.(año1997) *El tratamiento del Autismo. Nuevas Perspectivas.* Compendio. Ed. Ministerio de Trabajo y Asuntos Sociales, Madrid.

Sabino C. A. (año1996) *El proceso de Investigación.* Editorial Panamericana, Colombia.

Selltiz C., L.S. Wrightman, S. W. Cook (año1980) *Método de Investigación en las relaciones sociales.* Ediciones RIALP, Madrid.

Soifer R.(año1986) *Psiquiatría Infantil Operativa.* Tomo II. Ediciones Kargieman. Buenos Aires.

Spanglet M.(año2000) *Musicoterapia, Ambientes predecibles, comportamientos inapropiados.*version electrónica, http://autism99.org

Tendlarz S. E. (año 1994) *¿Porqué los niños autistas no tienen cuerpo? Psicoanálisis con niños* Centro Pequeño Hans. Ed. Atuel. Buenos Aires, 1995.

Thayer G. (año1968), *Tratado de Musicoterapia.* Ed. Paidós. Buenos Aires.

Tissera López G. (año 2000), *Nuestro enfoque de la musicoterapia.* versión electrónica, http:// Center for training and research in music therapy.

Willems E. (año1979), *Las bases psicológicas de la Educación musical* Ed. EUDEBA.

Zelis O. y Llompart P.(año 2002), *Arte, expresión y subjetividad: Valor y eficacia de los talleres artísticos en escuelas de educación especial y dispositivos terapéuticos.* Versión electrónica, http://www.psiconet.com

La presente edición se terminó de imprimir en
Editorial Universitas
en el mes de Abril de
2020.

Impreso en Córdoba,
Argentina

UniversitaS